Lehmanns Media

Lehmanns Media

FRAUKE PINKVOSS

# KINDESWOHLGEFÄHRDUNG

Rechtliche Grundlagen und Orientierung
für Jugendhilfe, Schule und Gesundheitswesen

BAND 7

Herausgeber W. Paschen - R. Krüger - G. Zimmermann

**Bibliografische Informationen der Deutschen Nationalbibliothek**
Die Deutsche Nationalbibliothek verzeichnet diese Publikation in der Deutschen Nationalbibliografie; detaillierte bibliografische Angaben sind im Internet unter **http://dnb.ddb.de** abrufbar



Frauke Pinkvoß
Kindeswohlgefährdung
Rechtliche Grundlagen und Orientierung für Jugendhilfe, Schule und Gesundheitswesen


Hardenbergstraße 5 • 10623 Berlin
www.lehmanns.de

Druck und Bindung: Docupoint • Magdeburg

ISBN 978-3-86541-247-8

## Vorwort der Herausgeber

Die Sozialarbeit ist auch in ihrer fachlichen Ausrichtung immer ein Spiegel der gesamtgesellschaftlichen Entwicklungen und ihrer Prozesse. So gibt es kaum Bereiche sozialer, demografischer oder sozialpolitischer Entwicklungen, die sich nicht auch verändernd auf die Strukturen der Sozialarbeit, ihrer Finanzierung sowie die Leistungsangebote oder die Qualität der Arbeit mit dem Klientel auswirken. So ist folgerichtig, dass Sozialarbeit auch selber einen politischen Gestaltungsauftrag hat.

Wir wollen eine wertorientierte, innovative Offenheit des Berufsstandes und die Bereitschaft - immer wieder fachlich neue Ausrichtungen und Standards auf hohem Niveau zu entwickeln - fördern.
In dieser Reihe werden wissenschaftliche Grundlagenliteratur der Sozialarbeit wie auch aktuelle Themen und Schnittstellen zum Bereich des Sozialmanagements aufgegriffen und auf wissenschaftlich anwendungsorientiertem Niveau dargestellt. Die Reihe möchte mit ihren Titeln vor allem die Professionalisierung des Berufsstandes befördern, praxisrelevante Beiträge zu neueren Entwicklungen liefern, die Sozialarbeitsforschung fördern und zur kritischen Reflexion und dem fachlichen Diskurs anregen. Neben den zentralen Themen der Sozialarbeit mit ihren vielfältigen Praxisfeldern und Handlungsformen werden auch relevante Themen benachbarter Sozial- und geisteswissenschaftlicher Themenstellungen in der Reihe ihren Platz finden.

Alle drei Herausgeber sind seit einigen Jahrzehnten in verschiedenen Hochschultypen (Fachhochschule und Universität) als hauptamtlich Lehrende mit der Ausbildung von SozialarbeiterInnen / SozialpädagogInnen und der Weiterbildung von Führungskräften der Sozialwirtschaft befasst. Sie bringen in der Gestaltung der Reihe ihre vielfältigsten Erfahrungen im In- und Ausland aus den Bereichen Ausbildung, angewandte Forschungs- und Entwicklungsprojekte ein. Daneben sind alle drei in den verschiedensten Transfer- und Beratungsprojekten in den breiten Praxisfeldern der Sozialarbeit und des Sozialmanagements tätig.

# Inhaltsverzeichnis

# Einleitung

In der öffentlichen Diskussion und Berichterstattung durch die Medien rückt das Thema der Kindeswohlgefährdung zunehmend in den Blick. Dabei finden oft dramatische Einzelfälle Berücksichtigung, die durch Tod, extremste Misshandlung und/oder Vernachlässigung von Kindern empören, schockieren und eine verstärkte Forderung nach Maßnahmen durch die öffentliche Kinder- und Jugendhilfe auslösen. Charakteristisch für diese Fälle ist, dass die Gefährdung der Kinder nicht von außen kommt, sondern ihren Ursprung im eigentlich schützenden Raum der Familie durch die Eltern findet. Diese extremen Einzelfälle stehen allerdings für eine Vielzahl von Gefährdungsfällen, die durch einen weniger dramatischen Verlauf geringere oder keine Aufmerksamkeit durch die Öffentlichkeit erhalten, sie stellen also die „Spitze eines Eisberges" dar. Jedoch bestimmen in der Regel diese weniger dramatischen Fälle den Alltag in der Kinder- und Jugendhilfe.

Mit schwindender Bedeutung der Familie als Sozialisationsort und im allgemeinen Prozess der Vergesellschaftung der Erziehung sind nunmehr auch andere Funktionssysteme der Gesellschaft gefordert, entscheidend mitzuwirken (vgl. EMIG 2007, S. 446). Der Jugendhilfe kommt neben der Primärverantwortung der Eltern dabei eine steigende Bedeutung zu, die sich verstärkt auch auf den Bereich des Kinderschutzes ausweitet. Dieser Bedeutungszuwachs der Jugendhilfe wird durch zunehmend schlechter werdende Lebensbedingungen von Familien mit Kindern, besonders durch Armut und Randständigkeit, geprägt.

Durch das Inkrafttreten des Gesetzes zur Weiterentwicklung der Kinder- und Jugendhilfe (KICK) am 1.10.2005 wurde mit der Einfügung des § 8a SGB VIII eine zentrale Norm geschaffen, in der der Schutzauftrag der Kinder- und Jugendhilfe bei Kindeswohlgefährdung konkret benannt wird. Für die Umsetzung dieses Schutzauftrages müssen Fachkräfte sich in ihrer alltäglichen Praxis mit dem Begriff des Kindeswohls bzw. der Kindeswohlgefährdung auseinandersetzen und fachliche Standards sowie Interventionsmaßnahmen zur Gewährleistung dieses Auftrages entwickeln.

Zentral im Kinderschutz ist, dass beteiligte Fachkräfte so frühzeitig wie möglich auf Kindeswohlgefährdung aufmerksam werden, um Familien rechtzeitige und nachhaltige Hilfen anbieten zu können, die schwerwiegende Gefährdungen und deren Folgen vermeiden sollen. Darüber hinaus stellt die Intervention bei bereits vorhandener Kindeswohlgefährdung einen wichtigen Bereich im Kinderschutz dar. Um diese Hilfen umsetzen zu können, bedarf es der Kooperation und dem Zusammenwirken aller relevanter Institutionen und Professionen. In Betracht kommen alle, die primär durch ihre spezifischen Aufgaben und Tätigkeiten Zugang zu Lebensfeldern von Kindern und Jugendlichen und dadurch Einfluss auf deren Lebenssituation haben.

In diesem Buch werden insbesondere die Institutionen der öffentlichen und freien Träger der Kinder- und Jugendhilfe behandelt, aber auch der Bereich der Schule und der medizinischen Versorgung durch (Kinder-) Ärztinnen und Ärzte finden Berücksichtigung. Ihnen allen ist charakteristisch, dass sie durch ihre berufsspezifischen Betätigungen und Aufgaben Hinweise über Gefährdungen von Kindern und Jugendlichen erhalten können, die dann ein Tätigwerden auslösen sollten.

Nach Meinung der Verfasserin kommt der öffentlichen Kinder- und Jugendhilfe (als Adressat des staatlichen Wächteramtes) dabei die wichtigste Funktion zu, insbesondere im Sinne einer „Schaltzentrale“ alle erforderlichen Maßnahmen und Kooperationsbestrebungen zur Bekämpfung von Kindeswohlgefährdung einzuleiten und zu koordinieren.

Ziel dieser Veröffentlichung ist die Darstellung der rechtlichen Handlungsmöglichkeiten und -vorgaben der einzelnen Institutionen unter der Fragestellung, inwieweit für jeden der genannten Bereiche eigene Handlungspflichten bestehen. Jeder Bereich soll zunächst für sich betrachtet und erörtert werden, um so mögliche Anknüpfungspunkte zur Kooperation aufzuzeigen. Der Bearbeitung dieser Fragestellung liegt die aktuelle Fachliteratur zugrunde.

Eingangs werden die rechtlichen Grundlagen beschrieben, die im Zusammenhang mit Kindeswohlgefährdung relevant sind. Im nächsten Schritt sollen die Begriffe des Kindeswohls bzw. der Kindeswohlgefährdung erläutert werden. Beide Begriffe werden in einer Reihe von Gesetzen verwendet, ohne dass vom Gesetzgeber eine genaue Definition dieser Begriffe vorgenommen wurde. Diese so genannten unbestimmten Rechtsbegriffe sollen operationalisiert und somit handhabbar gemacht werden.

Die Darstellung handlungsleitender Konzepte der oben genannten Institutionen nimmt den Schwerpunkt dieser Veröffentlichung ein. Von besonderem Interesse ist dabei die Ausführung der möglichen Handlungsschritte und -vorgaben, die ihnen rechtlich begründet zur Verfügung stehen, um im Falle von Kindeswohlgefährdung tätig werden zu können oder zu müssen.
Im Zusammenwirken verschiedener Institutionen und Bereiche nimmt der Datenschutz eine relevante Position ein. Die spezifischen Datenschutzbestimmungen für jeden der genannten Bereiche sollen dargestellt werden sowie die bestehenden Möglichkeiten des Datenaustauschs, der in Bezug auf eine mögliche Kooperation bedeutsam ist.
Abschließend werden die rechtlichen Konsequenzen erörtert, die für Fachkräfte in Betracht kommen können, wenn unter ihrer Betreuung ein Kind oder Jugendlicher zu Schaden oder zu Tode kommt. Im Fokus steht, ob durch die Verletzung von fachlichen Standards die Fachkraft nachträglich zur Verantwortung gezogen werden kann.

An dieser Stelle soll auf die Verwendung spezieller Formulierungen hingewiesen werden. In der vorliegenden Veröffentlichung werden immer wieder Begriffe verwendet, die synonym zu betrachten sind. Dazu gehören „öffentlicher (Kinder- und Jugendhilfe-) Träger“ und „Jugendamt“, aber auch „Träger der freien Kinder- und Jugendhilfe“ und „freier Träger“. An vielen Stellen der gesetzlichen Regelungen wird in Eltern, Personensorge- und Erziehungsberechtigte differenziert. Da Personensorge- und Erziehungsberechtigte in der Regel die Eltern sind, wird in diesem Buch hauptsächlich der Begriff „Eltern“ verwendet.

# 1. Rechtliche Grundlagen

Die relevanten rechtlichen Grundlagen im Zusammenhang mit Kindeswohlgefährdung sollen nun dargelegt werden.
In **Art. 6 Grundgesetz (GG)**, insbesondere in Absatz 2, wird der verfassungsrechtliche Ausgangspunkt in Bezug auf den Schutz des Kindeswohls dargestellt. In Art. 6 Abs. 2 Satz 1 werden den Eltern das natürliche Recht und die zuvorderst ihnen obliegende Pflicht für die Pflege und Erziehung ihrer Kinder eingeräumt. Satz 2 benennt das staatliche Wächteramt, in dem die staatliche Gemeinschaft über die Betätigung der Eltern wacht. Bei der Förderung und Sicherung des Kindeswohls wird somit eine klare Rangfolge durch Art. 6 Abs. 2 GG vorgesehen, die sich in Elternverantwortung und staatliches Wächteramt unterteilt. Mit der staatlichen Gemeinschaft ist dabei nicht der Einzelne gemeint, sondern der Staat mit seinen Institutionen (vgl. WIESNER 2007, S. 13).
Bei der Elternverantwortung wird davon ausgegangen, dass Eltern in der Regel das Wohl ihres Kindes mehr am Herzen liegt als irgendeiner anderen Person oder Institution. Erst wenn durch die Eltern das Kindeswohl nicht mehr gewährleistet ist, hat der Staat im Sinne des staatlichen Wächteramtes einzuspringen. Dazu ist er nicht nur berechtigt, sondern nach Art. 6 Abs. 2 GG auch verpflichtet. Die Verpflichtung des Staates zum Eingriff ergibt sich daraus, dass das Kind gemäß **Art. 1 und 2 GG** Grundrechtsträger ist und somit einen Anspruch auf Schutz durch den Staat hat (vgl. WIESNER 2007, S. 10 f.). Die Rechtsfähigkeit des Kindes beginnt mit der Vollendung der Geburt (§ 1 Bürgerliches Gesetzbuch - BGB). Das Kind ist also unabhängig von seinem Alter Träger von Rechten und Pflichten und damit auch Träger von Grund- und Menschenrechten. Unter Berücksichtigung von Art. 1 und 2 GG stützt sich der Erziehungsanspruch des Kindes auf das eigene Recht der Menschenwürde und das eigene Recht der Persönlichkeitsentwicklung (vgl. BAUER u. a. 2001, S. 129).
Nach Art. 1 Abs. 1 GG ist die Würde des Menschen unantastbar, Achtung und Schutz der Menschenwürde ist Verpflichtung aller staatlichen Gewalt. Jeder hat das Recht auf freie Entfaltung seiner Persönlichkeit, auf Freiheit und körperliche Unversehrtheit (Art. 2 GG). Somit wird durch die Verfassung die Würde des Menschen in den Mittelpunkt ihres Wertesystems

gestellt. In Anerkennung der elterlichen Rechte wird davon ausgegangen, dass das Kind Schutz und Hilfe bedarf, um im Sinne des Menschenbildes des Grundgesetzes sich zu einer eigenverantwortlichen Persönlichkeit entwickeln zu können. An dieser Stelle setzt das staatliche Wächteramt ein, indem der Staat darüber zu wachen und ggf. das Kind davor zu schützen hat, dass es nicht durch Missbrauch der elterlichen Sorge in seiner Entwicklung beeinträchtigt wird (vgl. WIESNER 2007, S. 12).
Die verfassungsrechtliche Legitimierung des staatlichen Wächteramtes in Art. 6 Abs. 2 Satz 2 GG stellt eine abstrakt formulierte staatliche Schutzpflicht für das Kindeswohl dar, die durch weitere Gesetze konkretisiert werden muss. Diese Konkretisierung ist im Bürgerlichen Gesetzbuch (BGB) und im Achten Sozialgesetzbuch (SGB VIII) durch den Gesetzgeber vorgenommen worden. Durch diese beiden Gesetze werden sowohl das Familiengericht als auch das Jugendamt mit der Wahrnehmung von Aufgaben zum Schutz von Kindern und Jugendlichen betraut (vgl. SCHMID u. a. 2006, Kap. 2, 4).

In Hinblick auf das BGB sind insbesondere die §§ 1626, 1631, 1666, 1666a und 1697a zu nennen.
In **§ 1626 BGB** (Elterliche Sorge, Grundsätze) wird der Kernbereich der elterlichen Sorge benannt, der sowohl die Personensorge, als auch die Vermögenssorge des Kindes umfasst. Dabei haben die Eltern die wachsenden Fähigkeiten des Kindes und sein wachsendes Bedürfnis nach selbständigem und verantwortungsbewusstem Handeln zu berücksichtigen. Die Selbständigkeit des Kindes als Ziel der Erziehung ist im Sinne eines laufenden Prozesses mit vielen Zwischenstufen zu betrachten, indem der junge Mensch in die Entscheidungen der Erziehung je nach seinem Alter mit einbezogen werden soll (vgl. BAUER u. a. 2001, S. 195). Maßstab der elterlichen Sorge ist das Wohl des Kindes. Die Eltern haben alles zu unternehmen, damit das Kind zu einer eigenverantwortlichen und gemeinschaftsfähigen Persönlichkeit heranwachsen kann (vgl. WABNITZ 2006, S. 89). Der § 1626 BGB ist als Grundsatznorm anzusehen, die das Leitbild für die elterliche Sorge angibt.

**§ 1631 BGB** (Inhalt und Grenzen der Personensorge) ergänzt § 1626 BGB, indem die Personensorge definiert wird. Die Personensorge umfasst Pflege und Erziehung des Kindes sowie die Beaufsichtigung und das Aufenthaltsbestimmungsrecht. Unter Pflege wird die Sorge für das Wohlbefinden und die physische Existenz verstanden, unter Erziehung die Sorge für die geistige, seelische und sittliche Entwicklung. Im Rahmen der Beaufsichtigung haben Eltern das Recht, sich jederzeit über die das Kind betreffenden Angelegenheiten zu informieren, aber auch die Pflicht, das Kind zu überwachen, dass es zu keiner Schädigung Dritter durch das Kind kommt (vgl. SCHULZE u. a. 2003, § 1631, Rz. 1 ff.). Nach Abs. 2 haben Kinder ein Recht auf gewaltfreie Erziehung. Körperliche Bestrafungen und seelische Verletzungen sowie andere entwürdigende Maßnahmen sind unzulässig, da diese Erziehungsmaßnamen der Ausbildung von Selbstachtung und Selbstwertgefühl im Wege stehen (vgl. REBMANN u. a. 2002, § 1631, Rz. 16).

Der **§ 1666 BGB** (Gerichtliche Maßnahmen bei Gefährdung des Kindeswohls) ist die Konkretisierung der verfassungsrechtlichen Vorgaben zum staatlichen Wächteramt und ist als zentrale Kindesschutznorm anzusehen. Der Staat hat sein Wächteramt auszuüben, wo der Schutz des Kindes durch die Eltern oder ihr Elternrecht nicht mehr gewährleistet sind. Somit ist das Kindeswohl der zentrale Maßstab für die zu treffenden Entscheidungen durch das Familiengericht (vgl. MÜNDER 2005, S.172).
Nach § 1666 BGB wird der Begriff des Kindeswohls in das körperliche, geistige und seelische Wohl des Kindes untergliedert. Bei jeder gerichtlichen Entscheidung ist die konkrete und sorgfältige Auslotung des jeweiligen Einzelfalls notwendig, bei der die tatsächliche Gefahr für das Kindeswohl nachvollziehbar festgestellt werden muss. Der unbestimmte Rechtsbegriff des Kindeswohls lässt dabei zu, dass die unterschiedlichen und individuellen Bedingungen des Einzelfalls berücksichtigt werden können, um dem Problem angemessen und flexibel Hilfen anbieten zu können. Das Kindeswohl ist dabei oberster Maßstab, ob und wie interveniert wird (vgl. MÜNDER 2005, S. 172).
Die Gefahr für das Kindeswohl muss dabei gegenwärtig oder nahe bevorstehend und so ernst zu nehmen sein, dass sich bei einem Fortbestehen der Gefahr eine erhebliche Schädigung des körperlichen, geistigen und seelischen Wohls mit großer Sicherheit voraussehen lässt (vgl. WEINREICH u. a. 2005, § 1666, Rz. 3).
Als Gefährdungsursachen werden im Gesetz die missbräuchliche Ausübung der elterlichen Sorge, Vernachlässigung, unverschuldetes Versa-

gen der Eltern sowie das Verhalten Dritter genannt, die ein Eingreifen seitens des Gerichtes rechtfertigen. Darüber hinaus ist eine weitere Eingriffsvoraussetzung in der fehlenden Bereitschaft oder Fähigkeit der Eltern begründet, die Gefahr für ihr Kind abzuwenden (§ 1666 Abs. 1 BGB).

**§ 1666a BGB** ist eine Ergänzungsnorm zu § 1666 BGB, in welcher der Grundsatz der Verhältnismäßigkeit und der Vorrang öffentlicher Hilfen beschrieben sind, die das Familiengericht bei der Ausübung des staatlichen Wächteramtes insbesondere bei Eingriffen in die Personensorge der Eltern zu berücksichtigen hat.
Das Verhältnismäßigkeitsprinzip besagt, dass nur die Maßnahmen getroffen werden sollen, die einerseits das Kindeswohl sichern, aber andererseits zugleich den geringsten nötigen Eingriff in die Elternrechte bedeuten. So kann es zu einem Entzug der gesamten Personensorge nur dann kommen, wenn andere Maßnahmen zur Gefahrenabwehr nicht ausreichen. Bei der Festlegung der Maßnahmen ist immer der Einzelfall zu berücksichtigen (vgl. MÜNDER 2005, S. 180).
Darüber hinaus regelt § 1666a BGB auch, dass öffentliche Hilfen Vorrang vor dem Eingriff durch das Familiengericht haben, da in erster Linie versucht werden soll, durch helfende, unterstützende und auf Wiederherstellung des verantwortungsbewussten Verhaltens der Eltern gerichtete Maßnahmen das Kindeswohl zu sichern. Gelingt dies nicht, seien gerichtliche Eingriffe zu rechtfertigen (vgl. REBMANN u. a. 2002, § 1666a, Rz. 3).

In **§ 1697a BGB** wird erneut ausdrücklich bestimmt, dass das Kindeswohl der zentrale und beherrschende Maßstab für alle Entscheidungen ist, die das Gericht zu treffen hat (vgl. WEINREICH u. a. 2005, § 1697a, Rz. 1).

Für die Konkretisierung des staatlichen Wächteramtes gemäß Art. 6 Abs. 2 GG kommen im Bereich des SGB VIII folgende Paragrafen in Frage: §§ 1, 2, 8a und 50 SGB VIII. Ferner müssen noch die Regelungen der sachlichen und örtlichen Zuständigkeit der öffentlichen Jugendhilfe und die Möglichkeiten des Rechtsmittelverfahrens gemäß dem Gesetz über die Angelegenheiten der freiwilligen Gerichtsbarkeit (FGG) Berücksichtigung finden.
Der **§ 1 SGB VIII** hat die Funktion einer Leitnorm im Jugendhilferecht. Nach Abs. 1 hat jeder junge Mensch ein Recht auf Förderung seiner Ent-

wicklung und auf Erziehung zu einer eigenverantwortlichen und gemeinschaftsfähigen Persönlichkeit. Das Recht auf Erziehung wird als Mittel zur Persönlichkeitsentfaltung betrachtet und bietet in seiner weit gefassten Formulierung die Möglichkeit, unterschiedliche Erziehungsvorstellungen zu realisieren. Das bedeutet gleichermaßen, dass Menschen in ihren Lebenslagen akzeptiert werden und das die sozialpädagogische Arbeit der Jugendhilfe dort ansetzt, wo Menschen sich befinden und positiv gestärkt werden, so dass der Aufbau zu einer eigenständigen, selbstbewussten Persönlichkeit gelingen kann (vgl. MÜNDER u. a. 2006, § 1, Rz. 8 ff.).
Mit Abs. 2 wird der Sozialisationsort Familie besonders betont, indem das bereits im Art. 6 Abs. 2 GG verankerte Recht der Eltern auf Pflege und Erziehung erneut genannt wird. Diese Betonung entbindet die Jugendhilfe allerdings nicht von der Durchsetzung eigenständiger Bedürfnisse und Rechte Minderjähriger, da Familie nicht immer gleichbedeutend ist mit Harmonie zwischen Eltern und Kindern (vgl. MÜNDER u. a. 2006, § 1, Rz. 12). Gleichermaßen wird mit Abs. 2 das staatliche Wächteramt begründet, das durch die Jugendhilfe erfüllt wird.
In Abs. 3 werden exemplarisch Ziele der Jugendhilfe zur Verwirklichung des Rechts auf Erziehung aufgezählt, die damit den Handlungsauftrag der Jugendhilfe begründen (vgl. BAUER u. a. 2001, S. 265). Die konzeptionelle Bandbreite der Jugendhilfe reicht von der Reaktion auf soziale Problemlagen bis zur aktiven Gestaltung der Lebensbedingungen von Kindern und Jugendlichen (vgl. MÜNDER u. a. 2006, § 1, Rz. 24). Besonders hervorgehoben werden soll an dieser Stelle die Verpflichtung der öffentlichen Jugendhilfe, Kinder und Jugendliche vor Gefahren für ihr Wohl zu schützen (§ 1 Abs. 3 Nr. 3 SGB VIII).

In **§ 2 SGB VIII** werden die Aufgaben der Kinder- und Jugendhilfe in Leistungen und andere Aufgaben unterteilt. Diese sind durchgängig als Hilfen für junge Menschen und ihre Familien durch die Gewährung von Leistungen und die Erfüllung anderer Aufgaben zu verstehen. Bereits durch die Wortwahl in Abs. 1 („Die Kinder- und Jugendhilfe umfasst Aufgaben und Leistungen zugunsten junger Menschen und Familien“) wird die Verpflichtung der Kinder- und Jugendhilfe deutlich, im Interesse der jungen Menschen und ihrer Familien tätig zu werden (vgl. MÜNDER u. a. 2006, § 2, Rz. 7).

Die Leistungen, die im Abs. 2 benannt werden, reichen von präventiv-alltagsorientierten Angeboten der Jugendarbeit bis hin zu individualisierten sozialpädagogischen Einzelhilfen (vgl. BAUER u. a. 2001, S. 268). Sie zeichnen sich durch Freiwilligkeit aus und können auch durch freie Träger der Jugendhilfe erbracht werden.
Die in Abs. 3 benannten anderen Aufgaben der Jugendhilfe liegen im Handlungsmonopol des öffentlichen Trägers, also des Jugendamtes, durch die der Staat in Ausübung seines Wächteramtes in die Rechte der Eltern eingreift und Einrichtungen der Jugendhilfe überwacht. Die Aufgaben lassen sich in Maßnahmen zum Schutz von Kindern und Jugendlichen, der Tätigkeit als Amtsvormund und in Aufgaben des Vormundschaftswesens unterteilen (vgl. BAUER u. a. 2001, S. 299). Hinzu kommt die Mitwirkung in der Familien- und Jugendgerichtshilfe.
Nach § 1 Abs. 3 Ziffer 3 SGB VIII ist eines der Ziele der Kinder- und Jugendhilfe der Schutz der Kinder und Jugendlichen vor Gefahren für ihr Wohl. Dabei kann es sein, dass Kinder und Jugendliche vor etwas oder auch vor jemanden geschützt werden müssen. Diese Hilfe kann u. U. auch einen Eingriff in das im Grundgesetz verankerte Elternrecht bedeuten (vgl. MÜNDER u. a. 2006, § 8a, Rz. 1).

Durch die Einführung des **§ 8a SGB VIII** hat nun der Schutzauftrag des Jugendamtes bei einer Kindeswohlgefährdung eine konkrete und eindeutige gesetzliche Formulierung. Das staatliche Wächteramt durch die Kinder- und Jugendhilfe und insbesondere durch die hervorgehobene Verantwortung des Jugendamtes erfährt eine stärkere Betonung. Der Schutzauftrag betrifft in erster Linie das Jugendamt und alle Einrichtungen des öffentlichen Jugendhilfeträgers. Über Vereinbarungen soll gesichert werden, dass der Schutzauftrag in entsprechender Weise auch durch Träger von Einrichtungen und Diensten der freien Jugendhilfe, die Leistungen der Kinder- und Jugendhilfe erbringen, wahrgenommen wird.
Bei einer möglichen drohenden Gefährdung des Kindeswohls muss das Jugendamt allen Hinweisen nachgehen und sich weitere Informationen zur Klärung verschaffen, um eine Risikoabwägung vorzunehmen. In dieser Risikoabwägung soll entschieden werden, ob das Kind besser durch Hilfen für die Familie oder Hilfen zur Erziehung (§§ 27 ff SGB VIII) oder durch die Einschaltung des Familiengerichtes nach §§ 1666, 1666a BGB geschützt werden kann oder ob andere Institutionen wie Polizei oder Ge-

sundheitshilfe eingeschaltet werden müssen, wenn diese die geeigneteren Institutionen zur Gefahrenabwehr darstellen. Darüber hinaus bestimmt § 8a Abs. 1 SGB VIII, dass bei der Risikoabwägung mehrere Fachkräfte zusammenwirken sollen (vgl. DEUTSCHER BUNDESTAG 2004, S. 30).

§ 8a SGB VIII ist sowohl als Verfahrensvorschrift wie auch als Konkretisierung eigenständiger Aufgaben zu verstehen, wie bei Anhaltspunkten einer Kindeswohlgefährdung vorzugehen ist (vgl. MÜNDER u. a. 2006, § 8a, Rz. 2). Das Kindeswohl liegt somit im Fokus jeder Hilfegewährung.

Erfährt das Jugendamt von einer drohenden Gefahr für das Wohl des Kindes und sind die Eltern nicht in der Lage oder bereit, die Gefahr durch Annahme von geeigneten Hilfemaßnahmen abzuwenden, verpflichtet § 8a Abs. 3 SGB VIII das Jugendamt zur Anrufung des Familiengerichts, wenn es dessen Tätigwerden für erforderlich hält. Dem Jugendamt steht dabei ein Beurteilungsspielraum zu, ob das Einschalten des Familiengerichts bei gegebenen Tatbestandsvoraussetzungen einer Kindeswohlgefährdung erforderlich ist. Kann die Gefährdung bereits durch andere geeignete Hilfemaßnahmen abgewendet werden, so bedarf es keiner Anrufung des Gerichts. Es besteht allerdings eine Anrufungspflicht, wenn das Jugendamt familiengerichtliche Maßnahmen zur Abwendung einer Kindeswohlgefährdung durch Eröffnung des Hilfezugangs für die betroffenen Kinder und Jugendlichen als erforderlich ansieht (vgl. MÜNDER u. a. 2006, § 8a, Rz. 37 f.). Nach § 8a SGB VIII hat das Jugendamt demnach allen Hinweisen einer drohenden Gefährdung nachzugehen, sich weitere Informationen zu beschaffen und gemeinsam mit weiteren Fachkräften eine Risikoabwägung vorzunehmen (vgl. DEUTSCHER BUNDESTAG 2004, S. 30).

Vor der Anrufung des Familiengerichts hat das Jugendamt drei Aspekte zu prüfen: Liegt eine Gefährdungslage gemäß § 1666 BGB vor, sind die Eltern nicht gewillt oder nicht in der Lage die Gefährdung abzuwenden und kann der Gefahr nicht auf andere Weise wie z. B. durch Leistungen und Angebote der Jugendhilfe begegnet werden (vgl. MÜNDER 2004, S. 163). Erst wenn diese drei Aspekte zu bejahen sind, ist das Familiengericht einzuschalten.

Durch die Anrufung wird das familiengerichtliche Verfahren ausgelöst, in dessen weiteren Verlauf das Jugendamt zur Mitwirkung nach § 50 in Verbindung mit §§ 49, 49a des Gesetzes über die Angelegenheiten der freiwilligen Gerichtsbarkeit (FGG) verpflichtet ist (vgl. HARNACH 2007, S. 250).

Die Anrufung stellt allerdings keinen Antrag im engeren Sinne dar, sondern ist als Anregung an das Gericht zu verstehen. Das Verfahren bei Gericht wird gemäß **§ 12 FGG** von Amts wegen geführt (vgl. HARNACH 2007, S. 254). Dies kommt insbesondere immer dann in Betracht, wenn eine Meldung wegen Kindeswohlgefährdung direkt an das Familiengericht erbracht wird, ohne vorher das Jugendamt einzuschalten. Aber auch nach Anrufung des Gerichts durch das Jugendamt hat das Gericht die zur Feststellung der Tatsachen erforderlichen Ermittlungen durchzuführen und die als geeignet erscheinenden Beweise aufzunehmen. Nach **§ 35 FGG** ist das Amtsgericht für alle Familiensachen zuständig. Die örtliche Zuständigkeit des Gerichts in Familiensachen richtet sich gemäß **§ 36 FGG** nach dem Bezirk, in dem der Wohnsitz oder bei fehlendem Wohnsitz im Inland der Aufenthalt der/des betroffenen Minderjährigen besteht.

Die Mitwirkung in gerichtlichen Verfahren ist den „anderen Aufgaben" der Jugendhilfe zuzuordnen (§ 2 Abs. 3 Nr. 6 SGB VIII) und wird speziell in **§ 50 SGB VIII** geregelt. § 50 SGB VIII stellt die Mitwirkung als selbstständig und eigenverantwortlich zu führende Aufgabe des Jugendamts als sozialpädagogische Fachbehörde zugunsten junger Menschen und ihrer Familien dar (vgl. MÜNDER u. a. 2006, § 50, Rz. 1). Abs. 1 Satz 2 normiert die Pflicht des Jugendamts zur Mitwirkung in den in **§§ 49, 49a FGG** aufgezählten Verfahren, zu denen u. a. alle Belange rund um die elterliche Sorge und die Gefährdung des Kindeswohls zählen. Das Jugendamt hat also kein Ermessen ob es mitwirkt, sondern lediglich in welcher Form und in welchem Umfang die Mitwirkung ausgestaltet wird. Mitwirken bedeutet in diesem Fall, den sozialpädagogischen Sachverstand den fachlichen Standards entsprechend in das Verfahren mit einzubringen (vgl. MÜNDER u. a. 2006, § 50, Rz. 6).
Demzufolge hat das Jugendamt das Familiengericht bei allen Maßnahmen, die die Sorge für die Person von Kindern und Jugendlichen betreffen, zu unterstützen. Es soll informierend über seine Leistungen tätig werden, soll erzieherische und soziale Gesichtspunkte mit einbringen und auf weitere Hilfsmöglichkeiten hinweisen. Korrespondierend dazu muss das Gericht gemäß §§ 49, 49a FGG seiner Anhörungspflicht nachkommen und das Jugendamt in allen dort genannten Fällen Gelegenheit zur Äußerung geben (vgl. BAUER u. a. 2001, S. 305).

Wird durch das Familiengericht eine Entscheidung getroffen, die der Empfehlung des Jugendamtes entgegensteht, kann durch das Jugendamt der Rechtsmittelweg beschritten werden. Gegen die Verfügungen des Gerichts erster Instanz, in diesem Fall das Amtsgericht bzw. das Familiengericht, kann gemäß **§ 19 FGG** das Rechtsmittel der Beschwerde eingelegt werden. Die Beschwerde steht jedem zu, dessen Recht durch die gerichtliche Verfügung beeinträchtigt ist (**§ 20 Abs. 1 FGG**). Die Beschwerde wird bei dem Gericht eingelegt, dessen Entscheidung angefochten werden soll oder beim Beschwerdegericht, das Gericht der nächst höheren Instanz, dem Landgericht (**§ 21 Abs. 1 FGG**). Die einfache Beschwerde ist unbefristet einzulegen. Das erstinstanzliche Gericht hat die Möglichkeit, die erlassene Entscheidung abzuändern, geschieht dies nicht, entscheidet das Landgericht. Die Einreichung erfolgt durch eine Beschwerdeschrift oder zu Protokoll der Geschäftsstelle des Gerichts (**§ 21 Abs. 2 FGG**).
Gegen Entscheidungen des Beschwerdegerichts ist das Rechtsmittel der weiteren Beschwerde zulässig, wenn die Entscheidung auf der Verletzung des Rechts beruht (**§ 27 FGG**). Entscheidung über die weitere Beschwerde fällt das Oberlandesgericht (**§ 28 FGG**).

Für die Gewährung von Leistungen und die Erfüllung anderer Aufgaben der Jugendhilfe nach dem SGB VIII ergibt sich aus **§ 85 Abs. 1 SGB VIII**, dass der örtliche Träger sachlich zuständig ist, soweit nicht der überörtliche Träger diese Zuständigkeit übernimmt. Der örtliche Träger der Jugendhilfe sind die Landkreise und kreisfreien Städte, ggf. nach Landesrecht auch die kreisangehörigen Städte.
Die örtliche Zuständigkeit zum Schutz von Kindern und Jugendlichen kann zum einen aus **§ 87b Abs. 1 SGB VIII** abgeleitet werden, der örtlichen Zuständigkeit für die Mitwirkung in gerichtlichen Verfahren, und zum anderen aus **§ 87 SGB VIII**, der örtlichen Zuständigkeit für vorläufige Maßnahmen zum Schutz von Kindern und Jugendlichen (Inobhutnahme nach § 42 SGB VIII). Für die Inobhutnahme ist das Jugendamt örtlich zuständig, in dessen Bereich sich das Kind oder die/der Jugendliche vor Beginn der Maßnahme tatsächlich aufgehalten hat (§ 87 SGB VIII). Bei Mitwirkungen in gerichtlichen Verfahren nach § 50 SGB VIII gilt entsprechend **§ 86 Abs. 1 - 4 SGB VIII** für die örtliche Zuständigkeit des Jugendamtes. Die Vorschrift des § 86 SGB VIII regelt die örtliche Zuständigkeit

für Leistungen an Kindern, Jugendlichen und Eltern, die hier analog angewendet wird. Daher ist grundsätzlich das Jugendamt zuständig, in dessen Bereich die Eltern als Anspruchsberechtigte für Leistungen der Jugendhilfe ihren gewöhnlichen Aufenthalt haben. Den gewöhnlichen Aufenthalt hat jemand dort, wo er sich unter Umständen aufhält die erkennen lassen, dass er an diesem Ort oder in diesem Gebiet nicht nur vorübergehend verweilt (§ 30 Abs. 3 Satz 2 SGB I), also dort seinen Lebensmittelpunkt hat. Des Weiteren wird eine Differenzierung in Bezug auf verschiedene Lebenssituationen von Kindern, Jugendlichen und ihren Eltern vorgenommen, da es insbesondere bei getrennt lebenden oder geschiedenen Elternteilen zu unterschiedlichen örtlichen Zuständigkeiten kommen kann.
Ist der Vater nicht festgestellt, ist der gewöhnliche Aufenthaltsort der Mutter ausschlaggebend. Gleiches gilt, wenn nur ein Elternteil lebt (§ 86 Abs. 1 SGB VIII). Bei verschiedenen gewöhnlichen Aufenthalten der Eltern ist das Jugendamt zuständig, in denen der personensorgeberechtigte Elternteil seinen gewöhnlichen Aufenthalt hat. Haben beide getrennt lebenden Elternteile das gemeinsame Sorgerecht, so ist das Jugendamt zuständig, in dessen Bereich der Elternteil lebt, bei dem das Kind oder die/der Jugendliche zuletzt (vor der Maßnahme) seinen gewöhnlichen Aufenthalt hatte. War dies bei beiden, so ist der tatsächliche Aufenthalt des Kindes oder der/des Jugendlichen maßgeblich.
Hatte das Kind oder die/der Jugendliche in den letzten sechs Monaten bei keinem Elternteil seinen gewöhnlichen Aufenthalt, so ist das Jugendamt zuständig, in dessen Bereich das Kind oder die/der Jugendliche seinen gewöhnlichen Aufenthalt hat. Hatte das Kind oder die/der Jugendliche in den letzten sechs Monaten vor der Maßnahme keinen gewöhnlichen Aufenthalt, richtet sich die Zuständigkeit nach dem tatsächlichen Aufenthalt (§ 86 Abs. 2 SGB VIII). Mit tatsächlichem Aufenthalt ist die rein physische Anwesenheit einer Person an einem bestimmten Ort gemeint, wobei es weder auf die Dauer noch auf bestehende Bindungen ankommt (vgl. MÜNDER u. a. 2006, § 86, Rz. 9).
In Fällen, in denen ein schnelles bzw. sofortiges Eingreifen des Jugendamtes zum Schutz des Kindes notwendig wird und die örtliche Zuständigkeit aufgrund von Zuständigkeitsunklarheiten nicht eindeutig festzustellen ist, besteht für den örtlichen Träger, in dessen Bereich sich das Kind, die/der Jugendliche oder junge Volljährige vor Beginn der Leistungen tat-

sächlich aufhält, gemäß **§ 86d SGB VIII** eine Verpflichtung zum vorläufigen Tätigwerden (vgl. MÜNDER u. a. 2006, § 86d, Rz. 1-2). Gleiches gilt auch, wenn die örtliche Zuständigkeit für die Mitwirkung in gerichtlichen Verfahren nicht feststeht (§ 87b Abs. 3 SGB VIII).

Von weiterer Bedeutung ist die Regelung des **§ 81 SGB VIII**, der die Zusammenarbeit des öffentlichen Trägers mit anderen Stellen und öffentlichen Einrichtungen normiert. Der öffentliche Jugendhilfeträger hat mit anderen Stellen und öffentlichen Einrichtungen zusammen zu arbeiten, deren Tätigkeit sich auf die Lebenssituation junger Menschen und ihrer Familien auswirkt, u. a. insbesondere mit Schulen und Stellen der Schulverwaltung, des Gesundheitsdienstes, Trägern der Sozialleistungen und der Polizei. Die Formulierung „insbesondere“ macht deutlich, dass die aufgeführte Aufzählung keine abschließende ist, sondern Raum lässt für eine Kooperation mit Stellen, die dort nicht genannt werden. Die Kooperation kann als Grundlage eines sozialräumlich ausgerichteten Handlungskonzeptes betrachtet werden, die bspw. durch die Bildung von Kooperationsbündnissen („Runder Tisch“) angestrebt und umgesetzt werden kann (vgl. MÜNDER u. a. 2006, § 81, Rz. 3).

# 2. Kindeswohl und Kindeswohlgefährdung

## 2.1 Kindeswohl

Der Begriff des Kindeswohls ist ein unbestimmter Rechtsbegriff, der durch rechtliche Auslegung und mit Hilfe von Erkenntnissen aus Sozialpädagogik, Psychologie und Soziologie mit Inhalt gefüllt werden muss. Diese Auslegung hat in einem ersten Schritt als positive Bestimmung zu erfolgen. Es geht also darum, was Kinder für ihre Entwicklung brauchen und welche Bedingungen erforderlich sind, damit ein Kind sich sowohl körperlich, geistig als auch seelisch altersangemessen und gesund entwickeln kann (vgl. SEITHE 2004, S. 4).

Der Begriff des Kindeswohls ist sowohl das Leitprinzip der elterlichen Sorge (§ 1627 BGB) als auch Kernstück des § 1666 BGB. Darüber hinaus stellt er die Leitbildfunktion für die öffentliche Jugendhilfe dar (vgl. ZITELMANN 2001, S. 120). Das Kindeswohl ist somit Eingriffslegitimation und Entscheidungsmaßstab zugleich und zeigt an, dass die Jugendhilfe tätig werden muss, wenn das Kindeswohl gefährdet ist, aber auch, um dieses sicherzustellen (vgl. SEITHE 2001, S. 79).

In § 1666 BGB wird zwischen körperlichem, geistigem und seelischem Wohl unterschieden. Dabei ist allerdings zu beachten, dass sich diese Bereiche in der Lebens- und Entwicklungsrealität des Kindes oder aber in einer konkreten Gefährdungssituation kaum voneinander abgrenzen lassen, sondern sich vielmehr unmittelbar bedingen und Auswirkungen aufeinander haben (vgl. SEITHE 2001, S. 115). Zu klären wäre also, welche Bedingungen für eine positive Entwicklung des Kindes oder Jugendlichen vorliegen müssen. Damit schließt der Begriff des Kindeswohls die gesamten erforderlichen Lebensbedingungen ein, damit das Kind sich angemessen und gesund in diesen drei Bereichen entwickeln kann (vgl. SEITHE 2004, S. 4). Im Versuch, eine Definition aufzustellen, kann das Wohl des Kindes als die Gesamtheit der erforderlichen Sozialisationsbedingungen beschrieben werden, die für das Heranwachsen des Kindes oder Jugendlichen notwendig sind. Im konkreten Einzelfall ist also zu prüfen, ob die für die Entfaltung und Entwicklung benötigten Ressourcen und

Gegebenheiten vorhanden sind, die eine dem Wohl des Kindes entsprechende Erziehung ausmachen (vgl. SEITHE 2001, S. 83).
Das Wohl des Kindes beinhaltet also auch die Möglichkeiten, zu einer selbständigen und verantwortungsbewussten Persönlichkeit heranwachsen zu können und die Fähigkeit zum Zusammenleben in der Gemeinschaft zu erlangen (vgl. KRILLE 2003, S. 5).
Aus psychologischer Sicht beschreibt der Begriff des Kindeswohls einen wünschenswerten Zustand des Kindes, der körperliche, psychische und geistige Gesundheit, einen altersgemäßen oder den individuellen Möglichkeiten entsprechenden Entwicklungsstand, altersgemäße und bestmögliche soziale Eingliederung sowie Chancen auf Realisierung der verfügbaren Potenziale umfasst. Neben der Berücksichtigung des aktuellen Status des Kindes muss dabei auch immer der Verlauf des Entwicklungsprozesses Beachtung finden (vgl. HARNACH 2007, S. 189).
Ein weiterer Maßstab für das Kindeswohl ist neben den Sozialisationsbedingungen in den grundlegenden Bedürfnissen des Minderjährigen zu finden. Wird den grundlegenden Bedürfnissen entsprochen, liegen die notwendigen Bedingungen zum Wohle des Kindes vor.
In Anlehnung an die Bedürfnishierarchie nach Abraham Maslow, der ein Modell hierarchisch geordneter Grundbedürfnisse entwickelt hat, lassen sich fünf Grundbedürfnisse benennen, die bezogen auf das Alter und die jeweilige Entwicklungsstufe des Kindes oder Jugendlichen im Erziehungsprozess Berücksichtigung finden sollten. Maßgeblich ist, dass die Bedürfnishierarchie eng an die Entwicklung gekoppelt ist und dass sich nur dann eine höhere Entwicklungsstufe entfalten kann, wenn die Bedürfnisse der darunter liegenden Stufe befriedigt wurden. Maslow unterscheidet nach physischen bzw. biologischen Bedürfnissen (Hunger, Durst, Versorgung), Sicherheitsbedürfnissen (Schutz, Stabilität, Fürsorge), sozialen Bedürfnissen (Zuneigung, Zuwendung, Aufmerksamkeit), Wertschätzungsbedürfnissen (Anerkennung, Akzeptanz, Selbstachtung) und dem Bedürfnis nach Selbstverwirklichung wie z. B. Individualität, Unabhängigkeit und Selbständigkeit (vgl. KRECH u. a. 2006, S. 35). In dieser Hierarchie der Bedürfnisse sind zuunterst die grundlegenden biologischen Bedürfnisse angeordnet. Nach Maslow beherrschen die unbefriedigten Bedürfnisse einer Ebene das Verhalten und die Motivation des Menschen solange, bis diese befriedigt werden. Erst mit der Befriedigung in angemessener Weise ist es dem Menschen möglich, sich den Bedürfnissen

der nächst höheren Ebene zuzuwenden (vgl. ZIMBARDO 1992, S. 352). Zur Einschätzung der Lebenssituation von Kindern und Jugendlichen ist es also unerlässlich zu prüfen, ob im Umfeld die verantwortlichen Personen, in der Regel die Eltern, in der Lage sind, diese grundlegenden Bedürfnisse zu befriedigen. Ist dem nicht so, kann es zu gravierenden Beeinträchtigungen für die Entwicklung und sogar Leib und Leben der Kinder kommen (vgl. SCHRAPPER 2008, S. 58).

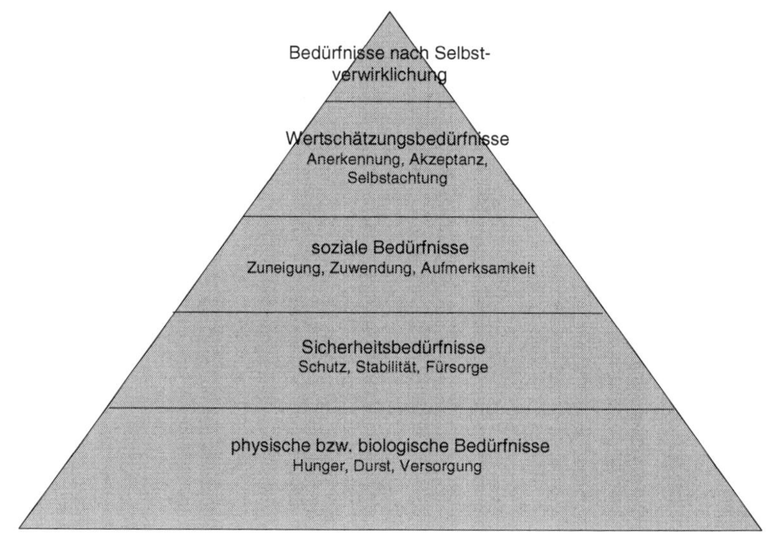


Abb. 1: Bedürfnishierarchie nach Maslow (eigene Darstellung in Anlehnung an KRECH u. a. 2006, S. 35)

### 2.1.1 Bedingungen für das Kindeswohl

An dieser Stelle soll eine kurze Aufführung der Bedingungen gegeben werden, die nach SEITHE (2001, S. 89 ff.) für die Gewährleistung des Kindeswohls notwendig sind. Diese Aufzählung hat nicht den Anspruch auf Vollständigkeit, sondern soll lediglich einen exemplarischen Überblick verschaffen, der einer Orientierung dienen kann.

**Bedingungen für das körperliche Wohl:**

- ausreichende und ausreichend gute Ernährung
- ausreichende körperliche Pflege
- ausreichende witterungs-, alters- und geschlechtsangemessene Kleidung
- ausreichende medizinische Versorgung
- körperliche Unversehrtheit
- geschützter Raum in der Wohnung, Platz zum Spielen, Möglichkeiten für Rückzug und Schlaf
- Bewegungs- und Spielmöglichkeiten außerhalb der Wohnung

**Bedingungen für das geistige Wohl:**

- Schaffung eines anregenden Umfeldes
- Förderung und Unterstützung
- Spielmöglichkeiten und Anregung zum Spiel
- Stabilität und Orientierung durch geordnete Abläufe, funktionale Regeln
- verbale Ansprache
- Wahl einer angemessenen Schule und Unterstützung beim Lernen
- Unterstützung bei der Berufswahl

**Bedingungen für das seelische (soziale, emotionale) Wohl:**

- eine positive emotionale Beziehung zwischen Eltern und Kind
- unterstützendes, akzeptierendes Geschwistersystem
- verlässliche Sicherheit, Geborgenheit und Schaffung von „Urvertrauen"
- Schutz und Aufsicht
- offene Kommunikation und konstruktiver Umgang mit Konflikten
- Verständnis, Trost und Anteilnahme zeigen
- Kontakt mit anderen Kindern/Erwachsenen zulassen und fördern
- Setzen von Wertmaßstäben und Vorbildfunktion der Eltern
- altersangemessene Mitbestimmung gewähren und Achtung der kindlichen Autonomiebedürfnisse

### 2.1.2 Elternfertigkeiten

In direktem Zusammenhang zu den geschilderten Bedingungen und Entwicklungsbedürfnissen, die das Kindeswohl mitbestimmen, stehen die Haltungen und Handlungen der Eltern, die direkt oder indirekt zum Kindeswohl beitragen bzw. dieses verhindern. Nach ZITELMANN (2001, S. 128) müssen hierzu fünf Kerndimensionen der für das Kindeswohl und die Wahrnehmung der kindlichen Interessen notwendigen Fertigkeiten der Eltern genannt werden:

- die emotionale Verfügbarkeit für das Kind
- die Kontrolldimension (Flexibilität und Angemessenheit von Erziehungsmaßnahmen und Verboten)
- die Persönlichkeitsebene (insbesondere psychische Erkrankungen)
- das erzieherische Wissen um entwicklungsabhängige Bedürfnisse und Versorgungsprinzipien
- eine angemessene Prioritätensetzung bei der Versorgung der Kinder gemessen an anderen Aufgaben

Können Eltern diesen Ansprüchen nicht gerecht werden und ihre Aufgabe nicht erfüllen, so ist es Ziel der Jugendhilfe, Eltern bei der Gewährleistung einer dem Kindeswohl entsprechenden Erziehung zu unterstützen und ggf. das Interesse der Eltern am Wohl ihrer Kinder zu wecken (vgl. SEITHE 2004, S. 4).

## 2.2 Kindeswohlgefährdung

In Anlehnung an die Bestimmung des Kindeswohls als Gesamtheit der Sozialisationsbedingungen für das Heranwachsen zu einer selbständigen Persönlichkeit, lässt sich eine Kindeswohlgefährdung als eher defizitäre Lebenssituation beschreiben, die einen Mangel an den erforderlichen Ressourcen zur Entfaltung und Entwicklung des Kindes beinhaltet. Nur wenn klar ist, was ein junger Mensch für eine positive Entwicklung braucht, kann festgestellt werden, ob das Fehlen dieser Bedingungen tatsächlich einer Gefährdung entspricht (vgl. SEITHE 2001, S. 102). Ob tatsächlich eine Kindeswohlgefährdung vorliegt, richtet sich auch nach den allgemeinen Lebensumständen und dem Alter des Kindes (vgl. SCHULZE u. a. 2003, § 1666, Rz. 2) und beinhaltet somit eine Lebensweltorientierung, die bei der Interpretation der Sachlage mit entscheidend ist. Von daher muss jeder individuelle Fall in Hinsicht auf eine Gefährdung ausgelotet werden. Kenntnisse über positive Entwicklungsbedingungen und Entwicklungsstufen sowie von günstigen Sozialisationsbedingungen helfen, den unbestimmten Rechtsbegriff der Kindeswohlgefährdung im Einzelfall mit Inhalt zu füllen.

Gemäß § 1666 BGB liegt eine Kindeswohlgefährdung dann vor, wenn das körperliche, geistige oder seelische Wohl des Kindes gefährdet ist. Die Gefahr muss dabei gegenwärtig oder nahe bevorstehend und so ernst zu nehmen sein, dass sich bei ihrem Fortbestehen eine erhebliche Schädigung des körperlichen, geistigen oder seelischen Wohls des Kindes mit ziemlicher Sicherheit voraussehen lässt. Die Gefährdung muss dabei schwerwiegend und nachhaltig sein (vgl. WEINREICH u. a. 2005, § 1666, Rz. 2-4). Um eine Kindeswohlgefährdung handelt es sich immer dann, wenn Aspekte oder Ereignisse mit hoher Intensität auftreten, die die kindliche oder jugendliche Entwicklung beeinträchtigen oder gefährden und dabei nicht nur einmalig oder selten auftreten, sondern sozusagen ein Strukturmuster aufweisen (vgl. SEITHE 2004, S. 5).

Darüber hinaus ist auch entscheidend, ob die Eltern gewillt oder in der Lage sind, die Gefährdung zu beseitigen oder Maßnahmen zur Abwendung der Gefahr in Anspruch zu nehmen. Für ein gerichtliches Eingreifen ist gleichgültig, ob die fehlende Bereitschaft aus Gründen der Unfähigkeit, Gleichgültigkeit oder Unwilligkeit besteht. Entscheidend ist lediglich die Zukunftsprognose, ob davon ausgegangen werden muss, dass die Eltern auch zukünftig nicht gewillt oder in der Lage sind, Gefahren für das Wohl des Kindes abzuwehren (vgl. MÜNDER 2005, S. 176).

Im Frankfurter Kommentar zum SGB VIII (vgl. MÜNDER u. a. 2006, § 8a, Rz. 44) lassen sich vier Fragestellungen finden, die bei einer Einschätzung der Kindeswohlgefährdung hilfreich sein können:

- Gewährleistung des Kindeswohls: Inwieweit ist das Kindeswohl durch die Sorgeberechtigten gewährleistet oder ist dies nur zum Teil oder überhaupt nicht der Fall?
- Problemakzeptanz: Sehen die Sorgeberechtigten und die Kinder/Jugendlichen selbst ein Problem oder ist dies weniger oder gar nicht der Fall?

- Problemkongruenz: Stimmen die Sorgeberechtigten und die beteiligten Fachkräfte in der Problemkonstruktion überein oder ist dies weniger oder gar nicht der Fall?
- Hilfeakzeptanz: Sind die betroffenen Sorgeberechtigten und Kinder/Jugendlichen bereit, die ihnen gemachten Hilfeangebote anzunehmen und zu nutzen oder ist dies nur zum Teil oder gar nicht der Fall?

(Siehe dazu auch „Empfehlung zur Festlegung fachlicher Verfahrensstandards in den Jugendämtern bei akut schwerwiegender Gefährdung des Kindeswohls“ des DEUTSCHEN STÄDTETAGS 2003, S. 6)

In § 1666 BGB werden darüber hinaus verschiedene Gefährdungslagen genannt, die für eine Kindeswohlgefährdung ursächlich sein können. Diese sollen nun im Folgenden erörtert werden.

### 2.2.1 Gefährdungslagen

Zu den in § 1666 BGB genannten Gefährdungslagen gehören die missbräuchliche Ausübung der elterlichen Sorge, die Vernachlässigung, das unverschuldete Elternversagen und das Verhalten eines Dritten.
Die Gefährdungslagen müssen als typisierte Beschreibungen angesehen werden und können nicht alle möglichen Bereiche abdecken. Es wird immer wieder Einzelfälle geben, die nicht eindeutig in die Gefährdungslagen einzuordnen sind oder für die mehrere Gefährdungslagen gleichzeitig zutreffen (vgl. MÜNDER 2005, S. 176).

#### Missbrauch der elterlichen Sorge

Diese Erscheinungsform der Kindeswohlgefährdung besteht in einer aktiven Ausübung der elterlichen Sorge zum Schaden des Kindes, wobei es sich immer um konkretes Handeln bzw. aktives Tun handelt (vgl. SEITHE 2001, S. 117). Sie lässt sich in weitere Unterpunkte unterteilen, die jeweils diesem aktiven Tun entsprechen.
Unter Misshandlungen allgemein werden alle physischen und psychischen Gewalthandlungen gegenüber Kindern oder Jugendlichen verstanden, die entweder körperliche Verletzungen (bis zum Tode des Kindes) und/oder existenzbedrohende Ängste auslösen, gekoppelt mit einem

Gefühl, dass Eltern ihrem Kind dauerhaft ablehnend gegenüberstehen (vgl. FALTERMEIER 2002, S. 551). Dabei beeinträchtigen die schädigenden Verhaltensweisen das Kind nicht nur in der konkreten Situation, sondern haben auch Auswirkungen auf seine gesamte Entwicklung. Zu unterscheiden ist in körperliche, sexuelle und psychische Misshandlung.
Unter dem Begriff der körperlichen Misshandlung fällt jede Handlung, die zu physischen Verletzungen führt und damit der Entwicklung des Kindes schaden kann (vgl. AMELANG u. a. 1995, S.15). Hierzu gehören Schläge mit oder ohne Gegenstand, Treten, Schütteln insbesondere beim Kleinkind oder Säugling, Würgen, Verbrennen durch Zigaretten und Verbrühen.
Sexuelle Misshandlung bzw. sexueller Missbrauch ist immer dann gegeben, wenn ein Kind oder Jugendlicher von einem Erwachsenen oder älteren Jugendlichen als Objekt der eigenen sexuellen Bedürfnisse benutzt wird (vgl. FALTERMEIER 2002, S. 522). Hierunter fallen Vergewaltigung, sexuelle Nötigung, Pädophilie, Inzest, Anleitung zu Prostitution und Missbrauch eines Kindes oder Jugendlichen zur Herstellung von Pornografie (vgl. AMELANG u .a. 1995, S. 16).
Die psychische/seelische Misshandlung ist die wohl am schwersten zu erkennende Form der Kindesmisshandlung. Bei ihr erfährt das Kind eine Beeinträchtigung in der Entwicklung seines Selbstwertgefühls. Das Kind wird abgelehnt, herabgesetzt, gedemütigt, terrorisiert, isoliert und ignoriert (vgl. MÜNDER 2005, S. 177). Dem Kind werden starke negative Gefühle vermittelt oder die ihm für ein gesundes Heranwachsen notwendige emotionale Beziehung verweigert.
Psychische Misshandlungen sind auch immer Komponenten der körperlichen und sexuellen Misshandlung.

**Vernachlässigung**

Unter Vernachlässigung versteht man die andauernde oder wiederholte Unterlassung fürsorglichen Handelns durch sorgeverantwortliche Personen, welche zur Sicherstellung der seelischen und körperlichen Versorgung des Kindes notwendig wäre. Die durch die Vernachlässigung bewirkte chronische Unterversorgung des Kindes mit Nahrung, Pflege, Versorgung, angemessener Kleidung und Gesundheitsversorgung führt zu einer Hemmung, Beeinträchtigung und Schädigung der Entwicklung des Kindes in körperlicher, seelischer und geistiger Hinsicht und kann schlimmstenfalls zum Tod des Kindes führen. Zu unterscheiden ist in aktive und passive Vernachlässigung. Aktive Vernachlässigung geschieht durch eine wissentliche Verweigerung von Handlungen, die von der sorgeberechtigten Person als Bedarf des Kindes erkannt und dennoch unterlassen werden (Verweigerung von Versorgung, Hygiene, Nahrung, Schutz). Bei der passiven Vernachlässigung hingegen handelt es sich um mangelnde Einsicht, Nichterkennen des Bedarfs des Kindes oder unzureichende Handlungsmöglichkeiten der sorgeberechtigten Person (vgl. NIEDERSÄCHSISCHES MINISTERIUM FÜR FRAUEN, ARBEIT UND SOZIALES 2001, S. 9). Ferner ist nach Familien zu unterscheiden, in denen dauerhaft über einen längeren Zeitraum (chronisch) vernachlässigt wird, und in Familien, in denen Vernachlässigung als Folge eines akuten Problems auftritt. Dauerhaft vernachlässigende Familien zeichnen sich durch Vorhandensein einer Multiproblemlage aus und benötigen eine dauerhafte Unterstützung. Familien hingegen, die durch eine akut auftretende Belastung aus der Bahn geworfen werden, brauchen in erster Linie Hilfe und Unterstützung, um diese akute Krise überwinden zu können (vgl. HARNACH 2007, S. 214).

**Unverschuldetes Elternversagen**

Unverschuldetes Versagen der Eltern resultiert aus einer Überforderung oder Ungeeignetheit der Eltern bei der Erziehung ihrer Kinder (vgl. KRILLE 2003, S. 8). Diese Form der Kindeswohlgefährdung schließt Missbrauch und Vernachlässigung mit ein und findet seine Hauptanwendung bei psychischen und Suchterkrankungen der Eltern (vgl. WEINREICH u. a. 2005, § 1666, Rz. 21). Eltern haben z. B. aus geistigen oder psychischen Gründen keine Einsicht in die Folgen ihres Handelns bzw. können dieses nicht steuern (vgl. SEITHE 2001, S. 119).

**Gefährdendes Verhalten Dritter**

Auch das gefährdende Verhalten Dritter, nicht-sorgeberechtigter Personen, kann den Charakter eines Missbrauchs oder Vernachlässigung haben. In diesen Fällen gefährden Eltern ihre Kinder nur indirekt, indem sie bei Kenntnis der Gefährdung diese nicht zu beseitigen bzw. ihr Kind nicht davor zu schützen versuchen. Sobald die Gefahr mit Wissen und Duldung der Eltern durch Dritte stattfindet, handelt es sich um einen Missbrauch der elterlichen Sorge und würde einen Eingriff in ihre elterlichen Rechte rechtfertigen (vgl. SEITHE 2001, S. 120).

### 2.2.2 Kriterien zur Erkennung

Eingangs muss erwähnt werden, dass die Unbestimmtheit der Begriffe „Kindeswohl“ und „Kindeswohlgefährdung“ eine gesteigerte Ermittlungspflicht, umfassende Aufklärung des jeweiligen individuellen Falles und der fachlichen Interpretation erfordert (vgl. ZITELMANN 2001, S. 129). Nach SCHONE (2007, S. 111 f.) ist Kindeswohlgefährdung kein beobachtbarer Sachverhalt, sondern ein rechtliches und normatives Konstrukt, das trotz seiner Unbestimmtheit sowohl als Legitimationsgrundlage für staatliche Eingriffe als auch als sachlicher Maßstab dienen soll. In den meisten Fällen ist eine Eindeutigkeit nicht vorhanden und in der Entscheidung, ob die Lebenssituation eines Kindes als gefährdend anzusehen ist, kann nur auf der Grundlage fachlicher und sachlicher Bewertungsvorgänge beurteilt werden. Bei dieser fachlich geleiteten Einschätzung müssen beobachtbare Sachverhalte zu Grunde gelegt werden, die einer Sammlung von relevanten Informationen bedürfen (vgl. SCHONE 2007, S. 113).
Unterstützend kann dabei die Nutzung eines Kriterienrasters sein, das im Folgenden exemplarisch dargestellt werden soll.
Hintergrund für die Erstellung eines Kriterienrasters liegt in der mit der Unbestimmtheit des Begriffs der Kindeswohlgefährdung einhergehenden Einschätzungsunsicherheit. Bei der Fallaufnahme besteht immer das Risiko, dass zentrale Informationen verloren gehen und anschließend keine Berücksichtigung mehr finden können (vgl. DEUTSCHES JUGENDINSTITUT 2006, o. S.). Durch die Nutzung einer Arbeitshilfe in Form einer Checkliste oder eines Kriterienrasters ist eher gewährleistet, dass zentrale Punkte nicht übersehen werden. Trotz alledem sollte der Umgang mit einer solchen Arbeitshilfe durchaus kritisch sein. Denn eine Arbeitshilfe in Form eines Kriterienrasters hat sowohl Vor- als auch Nachteile. Dient diese Arbeitshilfe als Orientierung oder als Hilfe bei der Bewertung, ist sie hilfreich bei der Erfassung der Gesamtsituation und der anschließenden Risikoeinschätzung. Werden darüber hinaus die individuellen Gegebenheiten des Einzelfalls berücksichtigt, bietet die Nutzung eines Kriterienrasters eine sinnvolle Ergänzung bei der Fallaufnahme. Wird diese Arbeitshilfe allerdings als starres Instrument genutzt, um zu einer schnellen Einschät-

zung durch Abhaken einer Liste zu kommen, wird sich also nur auf dieses Raster beschränkt, ist sie eher als Einengung zu verstehen, in der die Besonderheiten des Einzelfalls verloren gehen. Weiterhin ist zu beachten, dass immer mehrere Punkte erfüllt sein müssen, um zu dem Ergebnis kommen zu können, dass eine Kindeswohlgefährdung vorliegt.

Im Frankfurter Kommentar zum SGB VIII (vgl. MÜNDER u. a. 2006, § 8a, Rz. 11) werden Anhaltspunkte genannt, an denen eine Orientierung in Hinblick auf eine potenzielle Kindeswohlgefährdung vorgenommen werden können.

Diese Oberpunkte sollen im Folgenden mit Inhalt gefüllt werden. Die Auflistung kann nur beispielhaft betrachtet werden und erfasst nicht alle möglichen Gefährdungssituationen.

Für die Benennung von Kriterien zur Erkennung einer Kindeswohlgefährdung lassen sich auch die in Punkt 2.1 genannten Bedingungen zum Kindeswohl heranziehen. In ihrer Negation kommen sie dann ebenso Kriterien zum Erkennen einer Gefährdung gleich.

**Äußere Erscheinung des Kindes oder Jugendlichen**

- massive Verletzungen
- starke Unterernährung
- Fehlen jeder Körperhygiene
- witterungsunangemessene oder völlig verdreckte Kleidung

**Verhalten des Kindes oder Jugendlichen**

- altersuntypische Verhaltensweisen
- Kind/Jugendlicher wirkt berauscht oder benommen
- Kind/Jugendlicher wirkt wiederholt apathisch oder stark verängstigt
- Kind/Jugendlicher hält sich an jugendgefährdenden Orten auf
- Kind/Jugendlicher hält sich zu unangemessenen Zeiten ohne Erziehungsperson in der Öffentlichkeit auf
- Schulverweigerung/Schwänzen
- wiederholte oder schwere gewalttätige und/oder sexuelle Übergriffe gegen andere Personen
- Kind/Jugendlicher begeht gehäuft Straftaten

**Ernst zu nehmende Äußerungen**

- Äußerungen die auf Misshandlungen, sexuellen Missbrauch oder Vernachlässigung hinweisen

**Verhalten der Erziehungspersonen**

- unzureichende und unzulässige Nahrungsversorgung und Hygiene
- massive und/oder häufige körperliche Gewalt gegenüber dem Kind/Jugendlichen
- Beschimpfen, Erniedrigen, Verängstigen des Kindes/Jugendlichen
- dauerhaft fehlende oder gezielt verweigerte Beziehungs- und Bindungsangebote
- übermäßige Einschränkung der Autonomie
- Isolierung des Kindes/Jugendlichen
- Verweigerung der Krankheitsbehandlung oder der Förderung von behinderten Kindern/Jugendlichen
- Gewährung des unbeschränkten Zugangs zu gewaltverherrlichenden oder pornografischen Medien
- Kleinkind wird häufig oder über einen längeren Zeitraum unbeaufsichtigt oder in Obhut offensichtlich ungeeigneter Personen gelassen
- Kind/Jugendlicher wird zur Begehung von Straftaten oder anderen verwerflichen Taten angehalten

**Familiäre Situation und Wohnsituation**

- (hoch)konflikthafte Trennung
- Partnerschaftsgewalt
- Obdachlosigkeit
- wiederholt unbekannter Aufenthalt der Familie
- extrem beengter Wohnraum
- Vermüllung und Verdreckung der Wohnung
- Wohnung weist Spuren von Gewaltanwendung auf
- Nichtbeseitigung von Gefahrenquellen im Haushalt
- Fehlen eines geeigneten Schlafplatzes für das Kind/Jugendlichen
- Fehlen jeglichen Spielzeugs

**Persönliche Situation der Erziehungspersonen**

- Drogen- oder Medikamentenmissbrauch
- psychische Erkrankungen
- stark verwirrtes Erscheinungsbild

(vgl. MÜNDER u. a. 2006, § 8a, Rz. 11)

Auch wenn der Wunsch von Fachkräften nach Definition von stichhaltigen Kriterien zur Erkennung und Diagnose von Kindeswohlgefährdung nachvollzogen werden kann, zeichnen sich sozialpädagogische Diagnosen stets durch Hypothesencharakter aus, da Lebenssituationen von Menschen und familiären Systemen nie gänzlich erfasst werden können (vgl. SCHONE 2007, S. 114). Diese Erkenntnis muss bei der Nutzung eines Kriterienrasters berücksichtigt werden, da dieses lediglich ein Instrument zur Informationssammlung darstellt.
Abschließend soll erwähnt werden, dass, je jünger ein Kind ist, sich die dargestellten Bedingungen umso gravierender auswirken und sogar lebensbedrohlich sein können. Weiterhin kann davon ausgegangen werden, dass, je früher ein Kind in eine Mangelsituation gerät, desto längerfristiger und tiefgreifender wirken sich die Folgen auf die Gesamtentwicklung aus (vgl. SCHRAPPER 2008, S. 64).

## 3. Handlungsleitende Konzepte relevanter Institutionen

Nachdem die Operationalisierung von Kindeswohl und Kindeswohlgefährdung vorgenommen wurde, sollen an dieser Stelle nun die Handlungsschritte und -vorgaben der verschiedenen relevanten Institutionen dargestellt werden. Bei diesen Institutionen handelt es sich um den öffentlichen Kinder- und Jugendhilfeträger, um Träger der freien Kinder- und Jugendhilfe und um den Bereich der Schule sowie den Bereich der Gesundheitshilfe, im Besonderen um Ärztinnen und Ärzte. In erster Linie werden die Handlungsmöglichkeiten der einzelnen Bereiche für sich betrachtet und dargestellt. Der rechtliche Rahmen, der jeden einzelnen Bereich zu Handlungsschritten legitimiert, wird erläutert. Dabei soll deutlich werden, an welcher Stelle Anknüpfungspunkte zur Kooperation bestehen können. Neben den Interventionsmöglichkeiten bei akuter Kindeswohlgefährdung sind auch präventive Schritte von Relevanz, um möglichst frühzeitig bei Verdachtsmomenten betroffenen Kindern, Jugendlichen und ihren Familien geeignete Hilfen zukommen zu lassen, damit es gar nicht erst zu schwerwiegenden Gefährdungen kommt.
Der Schwerpunkt dieser Veröffentlichung liegt auf der öffentlichen Kinder- und Jugendhilfe. Das Jugendamt stellt einen wichtigen Dreh- und Angelpunkt im Kinderschutz dar. Nicht nur legitimiert durch das verfassungsrechtlich begründete staatliche Wächteramt, sondern auch durch einen konkreten rechtlichen Auftrag zum Kinderschutz durch § 1 Abs. 3 Nr. 3 SGB VIII und § 8a SGB VIII, hat das Jugendamt durch Leistungen und Angebote (§ 2 SGB VIII) effektive Maßnahmen zum Kinderschutz einzuleiten.
Wichtigster Kooperationspartner für den öffentlichen Kinder- und Jugendhilfeträger sind die freien Träger von Diensten und Einrichtungen, die Leistungen für junge Menschen und ihre Familien erbringen. Das ergibt sich zum einen aus § 8a Abs. 2 SGB VIII, durch den nunmehr auch die freien Träger durch abzuschließende Vereinbarungen verpflichtet werden, den Schutzauftrag in entsprechender Weise wie die öffentlichen Träger wahrzunehmen. Zum anderen ergibt es sich durch den allgemeinen Auftrag der Jugendhilfe, Kinder und Jugendliche vor Gefahren für ihr Wohl zu

schützen (§ 1 Abs. 3 Nr. 3 SGB VIII), der sich an die gesamte Kinder- und Jugendhilfe richtet und somit die freien Träger mit einschließt.
Die Schule als Institution erfüllt neben der Familie eine wichtige Sozialisationsfunktion und stellt durch die bestehende Schulpflicht einen Bereich dar, der bis auf wenige Ausnahmen alle Kinder und Jugendliche erreicht. Im Schulalltag besteht die Möglichkeit, dass Lehrkräfte auf erste Anzeichen einer Gefährdung bzw. einer bestehenden Kindeswohlgefährdung aufmerksam werden und entsprechende Schritte eingeleitet werden müssen. Damit stellen sie einen ebenfalls wichtigen Kooperationspartner der öffentlichen Kinder- und Jugendhilfe dar.
Abschließend soll der Bereich der Gesundheitshilfe, insbesondere die Handlungsmöglichkeiten von (Kinder-)Ärztinnen und Ärzten, dargestellt werden. Besonders bei sehr jungen Kindern, die wenig außerfamiliäre Kontakte haben, können Ärztinnen und Ärzte durch medizinische Untersuchungen relativ frühzeitig Hinweise auf Vernachlässigungs- und/oder Misshandlungstatbestände erhalten.

## 3.1 Öffentliche Jugendhilfe

Nach § 1 Abs. 3 Nr. 1-4 SGB VIII ist es Aufgabe der Jugendhilfe, das Recht von Kindern auf eine gesunde Entwicklung und förderliche Erziehung zu gewährleisten. Dazu soll sie insbesondere Benachteiligungen ausgleichen, Eltern beraten und unterstützen, positive Lebensbedingungen schaffen und Kinder und Jugendliche vor Gefahren für ihr Wohl schützen. Erreichen kann Jugendhilfe das durch Leistungen und durch die Wahrnehmung anderer Aufgaben zugunsten junger Menschen und Familien (§ 2 SGB VIII). Das Nebeneinander von Leistungen und Aufgaben der Jugendhilfe wird durch das Spannungsverhältnis von Elternrecht und Kinderrecht begründet. Dieses lässt eine Beschränkung auf Leistungen an die Eltern bzw. mit ihrem Einverständnis an das Kind oder der/dem Jugendlichen nicht zu, sondern verlangt auch nach staatlichem Handeln zugunsten von Kindern oder Jugendlichen ohne das Einverständnis der Eltern. Hinzu kommen weitere Aufgaben, die die Gewährung von Leistungen flankieren (Erlaubnisvorbehalt für Tages-/Vollzeitpflege und Betrieb von Einrichtungen). Damit hat die öffentliche Jugendhilfe eine zweifache Aufgabe: auf die Wünsche der Leistungsberechtigten ausgerichtete Sozialleistungen und im Rahmen der anderen Aufgaben auch gegen den Willen der Eltern eigenständig das Wohl von Kindern und Jugendlichen zu sichern und dazu tätig werden (vgl. MÜNDER u. a. 2007, Kap. 2.3, Rz. 6). „Jugendhilfe insgesamt muss in dem Sinne „präventiv“ wirken, dass sie positive Entwicklung fördert und darauf setzt, Gefahren möglichst gar nicht erst entstehen zu lassen“ (SCHRAPPER 2008, S. 65). Doch neben diesen präventiven, die Lebensbedingungen von Kindern gestaltenden Aufgaben, bedarf es im Kinderschutz der Ausgestaltung einer qualifizierten und zuverlässigen Krisenintervention der Jugendhilfe, um Kinder und Jugendliche vor Gefahren für ihr Wohl zu schützen (vgl. SCHRAPPER 2008, S 67).

Durch das Inkrafttreten des Gesetzes zur Weiterentwicklung der Kinder- und Jugendhilfe (KICK) am 1.10.2005 wurden insbesondere durch die Einführung des § 8a SGB VIII Änderungen zum Schutzauftrag der Kinder- und Jugendhilfe vorgenommen. Durch § 8a SGB VIII ist eine Konkretisierung der in § 1 Abs. 3 Nr. 3 SGB VIII benannten Schutzaufgaben der öffentlichen Jugendhilfe erreicht worden. Mit dieser Vorschrift wird „gesetzlich klargestellt, dass das Jugendamt bestimmten Hinweisen auf eine drohende oder bereits bestehende Gefahr für das Kindeswohl nachgehen, sich weitere Informationen zum Sachverhalt verschaffen und im (unmittelbaren) Anschluss daran eine Abklärung des Gefährdungsrisikos dahin gehend vornehmen muss, ob das Kind oder der Jugendliche besser durch Hilfen i. S. d. §§ 27 ff. und/oder andere (Beratungs-)Hilfen oder mit Hinblick auf Maßnahmen nach den §§ 1666, 1666a BGB durch Einschaltung des Familiengerichts geschützt werden kann, oder ob schließlich andere Institutionen wie Polizei oder Psychiatrie informiert werden müssen, weil sie in Bezug auf die festgestellte Kindeswohlgefährdung die geeignete Institution zur Abwehr der Gefahr sind“ (KUNKEL 2006, § 8a, Rz. 5). Die besondere Stellung des Jugendamtes erklärt sich daraus, dass nur der öffentliche Träger von Gesetzes wegen zu Aufgaben verpflichtet werden kann und ihm die Gesamtverantwortung in allen Angelegenheiten der Jugendhilfe obliegt (vgl. WERNER 2007, S. 130).

Der komplexe Auftrag der Jugendhilfe richtet sich in seiner Zielrichtung im Einzelfall nach Erziehungsfähigkeit und Ressourcen der Eltern und der Lebenssituation von Kindern und Jugendlichen. Der Schutz von ihnen erfolgt zum einen durch die Gewährung von Leistungen, aber auch durch Inobhutnahme und Einschalten des Familiengerichts. Welche dieser drei

Handlungsweisen zum Einsatz kommt, setzt bestimmte Verfahrensschritte voraus, die durch § 8a SGB VIII verbindlich geregelt werden, beginnend mit der Informationssammlung zur Risikoabschätzung, der Beteiligung von Kindern, Jugendlichen und Eltern bis hin zur Auswahl geeigneter Strategien zur Abwehr der Gefährdung (vgl. WIESNER 2007, S. 14 f.). Das Leitziel der Jugendhilfe, Kinder und Jugendliche vor Gefahren für ihr Wohl zu schützen, richtet sich dabei nicht nur an die öffentliche Kinder- und Jugendhilfe, sondern an die Jugendhilfe insgesamt und ist auch an die freie Kinder- und Jugendhilfe adressiert (siehe dazu § 1 Abs. 3 SGB VIII). Da die freie Jugendhilfe keine unmittelbare gesetzliche Verpflichtung zum zielgerechten Tätigwerden trifft, ist durch den öffentlichen Träger mittels Vereinbarungen nach § 8a Abs. 2 SGB VIII sicherzustellen, dass auch im Bereich der freien Jugendhilfe der Schutzauftrag in entsprechender Weise wahrgenommen wird. Diese für den öffentlichen Träger verpflichtend vorgeschriebene Vereinbarung erfolgt als öffentlich-rechtlicher Vertrag, der zwischen dem öffentlichen Jugendhilfeträger und den Trägern von Einrichtungen und Diensten der freien Jugendhilfe geschlossen wird (vgl. KUNKEL 2006, § 8a, Rz. 43). Detaillierte Ausführungen hierzu sind unter Punkt 3.2.1 (Vereinbarungen mit freien Trägern) nachzulesen.
Bevor im Folgenden auf die einzelnen Verfahrensschritte des öffentlichen Jugendhilfeträgers eingegangen wird, die durch § 8a SGB VIII normiert werden, soll der Zusammenhang zwischen Schutzauftrag und staatlichem Wächteramt skizziert werden.

### 3.1.1 Staatliches Wächteramt und Schutzauftrag

Der Schutzauftrag, der durch § 8a SGB VIII normiert wird, erschließt sich in vollem Umfang im Rückbezug auf das staatliche Wächteramt. Denn § 8a SGB VIII nimmt alles in sich auf und verbindet, was bereits durch Art. 6 Abs. 2 GG i. V. m. § 1 Abs. 2 Satz 2 und Abs. 3 Nr. 3 SGB VIII an Grundverständnis des staatlichen Wächteramtes und dem daraus resultierenden Schutzauftrag von zentraler Bedeutung ist. Bei Bestehen einer Kindeswohlgefährdung ist die öffentliche Jugendhilfe befugt und verpflichtet, auch unter Zurückdrängung des Elternrechts, zum Wohle gefährdeter Kinder und Jugendlicher unabhängig und ggf. auch gegen den Willen der Eltern einzugreifen (vgl. KUNKEL 2006, § 8a, Rz. 12).

Durch das Grundgesetz wird den Eltern verfassungsrechtlicher Schutz bei der Ausübung ihrer Elternverantwortung gewährt (Art. 6 Abs. 2 Satz 1 GG). Erst wenn Eltern ihre Verantwortung nicht wahrnehmen und dadurch insbesondere die Grundrechte von Kindern und Jugendlichen auf Menschenwürde, freie Entfaltung der Persönlichkeit und auf Leben, Gesundheit oder Freiheit missachten (Art. 1 und 2 GG), ist die Grenze des Elternrechtes überschritten und somit ein staatlicher Eingriff in das Elternrecht legitimiert (vgl. MEYSEN 2008, S. 16).
Laut der „Empfehlung zur Festlegung fachlicher Verfahrensstandards in den Jugendämtern bei akut schwerwiegender Gefährdung des Kindeswohls" des DEUTSCHEN STÄDTETAGES (2003, S. 2) kommt der Jugendhilfe zum Schutz von Kindern und Jugendlichen vor Gefahren für ihr Wohl eine doppelte Aufgabenstellung zu: „Zum einen geht es darum, Kindeswohl dadurch zu sichern, dass vor allem Eltern in ihrer Erziehungsverantwortung unterstützt und gestärkt werden [...]. Daneben sichert die Jugendhilfe anstelle der Eltern, falls diese nicht bereit oder in der Lage sind, durch Interventionen das Wohl des Kindes. Dies geschieht durch Anrufung des Familiengerichts [...] oder in akuten Notfällen durch Inobhutnahme [...]". Das staatliche Wächteramt beinhaltet im Rahmen der Jugendhilfe also sowohl Hilfen für das Kind durch Unterstützung der Eltern als auch Hilfen für das Kind durch Intervention (vgl. DEUTSCHER STÄDTETAG 2003, S. 2). Die Verwirklichung des Schutzauftrages vollzieht sich also in einem Präventions- und einem Interventionsbereich, wobei die Grenze zwischen diesen beiden Bereichen durch die in § 1666 BGB beschriebene Eingriffsschwelle des Staates gekennzeichnet wird (vgl. KUNKEL 2006, § 8a, Rz. 14 f.).

### 3.1.2 Gewichtige Anhaltspunkte und Risikobewertung

Die Vorgehensweise und Handlungsverpflichtungen des § 8a SGB VIII werden stets dann aktiviert, wenn dem Jugendamt gewichtige Anhaltspunkte bekannt werden. Abs. 1 sieht vor, dass das Gefährdungsrisiko im Zusammenwirken mehrerer Fachkräfte abzuschätzen ist. Hiermit wird verdeutlicht, dass ein Tätigwerden seitens des Jugendamtes nur auf der Grundlage eines konkreten Anlasses zu erfolgen hat. Ein „Generalverdacht" gegen Eltern wird also vermieden.

Unter gewichtigen Anhaltspunkten sind konkrete Hinweise oder ernst zu nehmende Vermutungen zu verstehen, die nicht nur entfernt auf eine potenzielle Gefährdung hinweisen, sondern von gewissem Gewicht und bei der Fachkraft tatsächlich angekommen sind. Wie die Fachkraft zu diesen Anhaltspunkten gekommen ist, ob durch eigene Recherche, durch Informationen Dritter oder durch den Klienten selbst, spielt dabei keine Rolle (vgl. MEYSEN 2008, S. 23 f.). Allerdings verbirgt sich hier die grundlegende Schwierigkeit der sozialpädagogischen Arbeit, nämlich Gefahren für das Wohl von Kindern und Jugendlichen rechtzeitig zu erkennen und daraus die richtigen Schlüsse ziehen zu können. In der Regel sind diese Informationen so vage und unspezifisch, dass weitere Erkenntnisse notwendig sind, um abschätzen zu können, ob es sich um eine Kindeswohlgefährdung handelt.

Neben wissenschaftlichen Instrumenten und Verfahren, mit deren Hilfe nachprüfbar und objektivierbar die Lebensverhältnisse, der Entwicklungsstand und die psychosoziale Situation des Kindes oder der/des Jugendlichen, aber auch die Handlungsweisen, Ressourcen und Einstellungen von Eltern beschrieben und bewertet werden können, ist es für Fachkräfte hilfreich zu verstehen, was Eltern in die Lage gebracht hat, ihre Kinder Gefahren für ihr Wohl auszusetzen und sie nicht ausreichend und sicher zu versorgen, damit mit ihnen eine hilfreiche und unterstützende Beziehung aufgebaut werden kann (vgl. SCHRAPPER 2008, S. 72).

Vor dem Hintergrund, dass jede Fachkraft die auszuwertenden Informationen immer auch „durch die Brille“ der eigenen prägenden Sozialisationserfahrungen wahrnimmt, die sozialpädagogische Kompetenz also immer auch durch eigene Erfahrungen beeinflusst wird, ist das Zusammenwirken mehrerer Fachkräfte unverzichtbar, wie es nun § 8a SGB VIII vorsieht, um Fehldeutungen möglichst zu vermeiden, sowohl in die eine als auch in die andere Richtung der Einschätzung der Kindeswohlgefährdung.

Durch § 8a Abs. 1 SGB VIII besteht die Berechtigung und die Verpflichtung, die gewonnenen Informationen bzw. die eigene Wahrnehmung bezüglich des Falles mit anderen zu reflektieren und zu bewerten. Dies geschieht durch das Hinzuziehen einer fachkompetenten Person, die über entsprechende Qualifikationen zur Erkennung und Bewertung einer Kindeswohlgefährdung verfügt (vgl. MEYSEN 2008, S. 25). Ist für die Risikoeinschätzung die Expertise bspw. von Ärzten, Psychologen, Polizeibeam-

ten oder anderen speziell qualifizierten Fachkräften erforderlich, ist der Einbezug dieser in die kollegiale Beratung sicherzustellen (vgl. MÜNDER u. a. 2006, § 8a, Rz. 15).
Sind gewichtige Anhaltspunkte eingegangen, dient die Risikobewertung im nächsten Schritt der Abschätzung, ob Anhaltspunkte für eine akute Gefährdung vorliegen, die ein sofortiges Eingreifen in Form von Inobhutnahme nach § 42 SGB VIII erforderlich machen.
Hierbei geht es um die systematische Sammlung und Verarbeitung bedeutsamer Fakten und Daten zur Einschätzung der Lebenssituation, der Ressourcen und den Risiken und Gefährdungen. Erforderliche Instrumente können das klassische Erstgespräch und der Hausbesuch sein sowie verschiedene Formen des Interviews, die Raum lassen für eingehende Gespräche mit den Eltern. Fachkräfte müssen sich dabei immer wieder bewusst machen, dass es bei der Gefährdungsabschätzung selten um einen begrenzten Gegenstand geht, sondern in der Regel um eine komplexe, vielschichtige und mehrdeutige Problemkonstellation (vgl. SCHRAPPER 2008, S. 79 ff.). Hilfreich bei der Bewertung sind Erfassungsbögen und Kriterienraster, wie in Punkt 2.2.2 (Kriterien zur Erkennung) bereits erläutert wurde.
Die Bewertung des Gefährdungsrisikos ist sowohl in zeitlicher als auch in sachlicher Hinsicht vorzunehmen. Bei der zeitlichen Einschätzung handelt es sich um eine Sicherheitseinschätzung. Mit ihr sollte die Notwendigkeit eines unverzüglichen, raschen Handelns geklärt werden, z. B. bei unmittelbarer Gefahr für das Kind oder Jugendlichen im Sinne des § 42 SGB VIII, der Inobhutnahme. Ist ein sofortiges Handeln nicht erforderlich, kommt der Risikoeinschätzung eine prognostische Rolle zu, nämlich ob eine erhebliche Schädigung mit hoher Wahrscheinlichkeit zu erwarten ist, wenn sich im Lebensumfeld des Kindes oder Jugendlichen nichts zum Positiven wendet (vgl. JORDAN 2007, S. 29). Ob aus einzelnen Hinweisen tatsächlich auf gewichtige Anhaltspunkte geschlossen werden kann, bleibt der Einschätzung des jeweiligen Einzelfalls vorbehalten, da es keine allgemein gültigen oder generell anzuwendenden Maßstäbe gibt (vgl. WERNER 2007, S. 131).
In der „Empfehlung zur Festlegung fachlicher Verfahrensstandards in Jugendämtern bei Gefährdung des Kindeswohls“ des DEUTSCHEN STÄDTETAGS (2003, S. 5 ff.) wird bei der Risikoeinschätzung in bereits bekannte und bisher nicht bekannte Familien unterschieden. Ist die Familie

bisher nicht bekannt gewesen, geht es um die Bewertung der Sachlage und um die Einschätzung des Hilfebedarfs. Dienlich ist hier die Beantwortung der vier Fragestellungen zur Gewährleistung des Kindeswohls, der Problemakzeptanz, der Problemkongruenz und der Hilfeakzeptanz (siehe dazu auch Punkt 2.2, Kindeswohlgefährdung).
Diese vier Fragen kommen auch zum Tragen, wenn bei bereits im Rahmen der Jugendhilfe betreuten Familien der Hilfeprozess begleitet und regelmäßig reflektiert wird. Dieser ist laufend dahingehend zu bewerten, ob sich eine Gefährdung des Kindeswohls abzeichnet.
Unter Berücksichtigung der Beantwortung der vier Fragen kann es zu unterschiedlichen Handlungspflichten des Jugendamtes kommen, je nachdem ob die Gefährdung unterhalb oder oberhalb der durch § 1666 BGB gekennzeichneten Grenze einer Kindeswohlgefährdung liegt (siehe dazu Punkt 3.1.3 Handlungspflichten). Zu klären ist, ob im Einzelfall eine Hilfe durch Unterstützung oder eine Hilfe durch Intervention notwendig und geeignet ist.

**Informationsgewinnung**
Um eine Risiko- bzw. Gefährdungsabschätzung überhaupt durchführen zu können, bedarf es gewichtiger Anhaltspunkte, die über einschlägige Hinweise und Informationen gewonnen werden. Die Informationsgewinnung unterliegt den gesetzlichen Regelungen zu den Datenschutzbestimmungen, auf die in Punkt 4 (Datenschutz) näher eingegangen wird.
Generell lässt sich sagen, dass unter Einhaltung der datenschutzrechtlichen Bestimmungen das Jugendamt auch vor Einführung des § 8a SGB VIII das Recht und die Pflicht hatte, die zur Abwehr von Kindeswohlgefahren notwendigen Informationen bei Betroffenen oder ggf. auch bei Dritten einzuholen, um das staatliche Wächteramt erfüllen zu können. Durch die Einführung des § 8a SGB VIII wird das Informationsbeschaffungsrecht zur vorgeschriebenen Abschätzung des Gefährdungsrisikos nun als selbstverständlich vorausgesetzt. Demgegenüber steht korrespondierend die Pflicht zur Beschaffung von Informationen, denn ohne sachverhaltsaufklärende Informationen kann keine qualifizierte Abschätzung der Gefährdung vorgenommen werden. Informationen können bei den unmittelbar Betroffenen, also Eltern, Kindern und Jugendlichen, erhoben werden, aber auch bei Dritten, auch ohne oder gegen den Willen der unmittelbar Betroffenen. Insbesondere wenn sich betroffene Eltern weigern, zur Aufklärung des

Risikosachverhaltes beizutragen, können bei Dritten Informationen beschaffen werden, da ansonsten der Schutzauftrag nicht erfüllt werden könnte. Für die Art und Weise der Informationsbeschaffung kommen Maßnahmen in Betracht, die zur vollständigen Aufklärung beitragen können. Dies kann u. a. durch einen Hausbesuch im Sinne einer persönlichen Inaugenscheinnahme geschehen, aber auch durch Aufsuchen von Aufenthaltsorten von Kindern und Jugendlichen außerhalb des Elternhauses. Ebenso stellen Befragungen von allen in Frage kommenden Personen aus dem engeren und weiteren sozialen Umfeld, wie Eltern, Personensorge- und Erziehungsberechtigten, aber auch bei Lehrern, Bekannten, Verwandten und Freunden eine Quelle der Informationsbeschaffung dar. Auch die Akten- und Urkundeneinsicht kann zur Aufklärung des Gefährdungsrisikos beitragen (vgl. KUNKEL 2006, § 8a, Rz. 24-26).

Durch § 8a SGB VIII ist nunmehr die gesetzliche Grundlage für die Informationsbeschaffung bei Dritten geschaffen worden (vgl. WERNER 2007, S. 135).

Laut der Empfehlung des DEUTSCHEN STÄDTETAGS (2003, S. 4 f.) dient der Hausbesuch als erste Maßnahme, um eine Einschätzung und Bewertung zum Zustand des Kindes, seinen Lebensbedingungen und seiner Entwicklungsperspektive vorzunehmen. Dabei sollte die häusliche und soziale Situation, das Erscheinungsbild des Kindes und sein Verhalten sowie das Kooperationsverhalten und die Ressourcen der Eltern besondere Beachtung finden. Der DEUTSCHE STÄDTETAG spricht die Empfehlung aus, Hausbesuche zu zweit durchzuführen. Droht die Verdeckung der Kindeswohlgefährdung durch die Eltern, kann es im Einzelfall angezeigt sein, vor der Durchführung eines Hausbesuchs, erste Eindrücke außerhalb der Familie bzw. des Wohnbereiches, bspw. im Kindergarten oder der Schule, zu gewinnen. Die Eindrücke sind schriftlich festzuhalten und zu dokumentieren.

**Beteiligung der Eltern, Kinder und Jugendlichen**

§ 8a Abs. 1 Satz 2 SGB VIII sieht vor, dass die Personensorgeberechtigten, in der Regel die Eltern, sowie das Kind oder der Jugendliche bei der Gefährdungsabschätzung mit einzubeziehen sind. Die oben beschriebene Pflicht der Informationsgewinnung im Rahmen der Risikoabschätzung richtet sich somit an erster Stelle an die Eltern selbst, bevor außenstehende Dritte eingeschaltet werden. Dieser Grundsatz fußt auf dem grundrechtlich geschützten Elternrecht in Art 6. Abs. 2 Satz 1 GG. Eltern sind nicht die Objekte eines professionellen Analyseprozesses, sondern haben das Recht, Einfluss auf die Bewertung der Sachverhalte und die Auswahl der geeigneten Hilfen zu nehmen. In diesem Prozess sind sie zu beraten und zu unterstützen, damit sie kompetent und eigenverantwortlich Entscheidungen zum Wohle ihres Kindes treffen können. Die Einbeziehung der Kinder und Jugendlichen, die alters- und entwicklungsangemessen stattfinden sollte, macht deutlich, dass Kinder nicht Objekte der elterlichen Erziehungsverantwortung sind, sondern als mitgestaltende Subjekte im Hilfeprozess zu betrachten sind (vgl. MÜNDER u. a. 2006, § 8a, Rz. 17ff.). Die Beteiligung von Kindern und Jugendlichen an allen sie betreffenden Entscheidungen, wie bereits durch § 8 Abs. 1 SGB VIII (Beteiligung von Kindern und Jugendlichen) normiert, erfährt hierdurch eine verstärkte Betonung.

In der Risikobewertung ist gemeinsam mit den Eltern und dem Kind bzw. der/dem Jugendlichen insbesondere die Frage der Problemakzeptanz, Problemkongruenz, der Hilfeakzeptanz und der Bedürfnisbefriedigung des Kindes oder der/des Jugendlichen zu hinterfragen und zu erarbeiten (vgl. MEYSEN 2008, S. 26). Zu beachten ist dabei immer auch die subjektive Wahrnehmung und Deutung der Betroffenen, die in der Bewertung der Informationen Berücksichtigung finden muss, da sich diese nicht selten erheblich von den Einschätzungen bzw. Fremddeutungen der Fachkräfte unterscheiden (vgl. SCHRAPPER 2008, S. 83).

Eine Ausnahme von der Einbeziehung der Eltern sowie Kinder und Jugendlichen besteht allerdings immer dann, wenn ihre Einbeziehung den Zugang zur Hilfe ernsthaft gefährden würde. Ist durch die direkte Informationsbeschaffung bei den Eltern der wirksame Schutz des Kindes oder Jugendlichen in Frage gestellt, kann die Einbeziehung umgangen und Informationen bei Dritten beschaffen werden (vgl. MÜNDER u. a. 2006, § 8a, Rz. 21).

### 3.1.3 Handlungspflichten

Die verschiedenen Handlungspflichten der öffentlichen Jugendhilfe ergeben sich aus dem Ergebnis der Risikoeinschätzung der Fachkräfte. Entsprechend dem Ergebnis bestehen für den öffentlichen Jugendhilfeträger zwei Handlungsalternativen: Entweder führt die Risikoabschätzung zu ei-

nem Hilfeangebot gemäß § 8a Abs. 1 Satz 3 SGB VIII oder zu Maßnahmen, die gemäß § 8a Abs. 3 und 4 SGB VIII zu ergreifen sind (vgl. KUNKEL 2006, § 8a, Rz. 39). Kurz gesagt führt das Ergebnis der Risikoeinschätzung zu der Entscheidung, ob im Einzelfall eine Hilfe durch Unterstützung oder eine Hilfe durch Intervention notwendig und geeignet ist.
Nach § 8a Abs. 1 Satz 3 SGB VIII hat das Jugendamt den Personensorge- oder Erziehungsberechtigten zur Abwendung der Gefährdung Hilfen anzubieten und zu gewähren, wenn es diese für geeignet und notwendig hält. Verfassungsrechtlich stellt das Angebot von Hilfen zur Abwendung von Gefährdungen den Verhältnismäßigkeitsgrundsatz dar, der sich auch in § 1666a BGB widerspiegelt. Wenn eine Kindeswohlgefährdung demnach durch die freiwillige Inanspruchnahme von öffentlichen Hilfen abgewendet werden kann, hat dies Vorrang vor einem Eingriff nach § 1666 BGB in die elterliche Sorge (vgl. MÜNDER u. a. 2006, § 8a, Rz. 23).
Kann die Kindeswohlgefährdung nicht durch geeignete Hilfe abgewendet werden oder sind die Eltern nicht bereit oder in der Lage, an der Abschätzung des Gefährdungsrisikos mitzuwirken, hat das Jugendamt nach § 8a Abs. 3 Satz 1 SGB VIII das Familiengericht einzuschalten, wenn es dessen Tätigwerden für erforderlich hält. Besteht eine dringende Gefahr für das Kindeswohl und kann die familienrichterliche Entscheidung nicht abgewartet werden, ist das Jugendamt verpflichtet, das Kind in Obhut zu nehmen (§ 8a Abs. 3 Satz 2 SGB VIII). Wenn das Einschalten anderer Leistungsträger, der Einrichtungen der Gesundheitshilfe oder der Polizei zur Abwendung der Gefahr notwendig ist, hat das Jugendamt bei den Eltern auf die Inanspruchnahme hinzuwirken bzw. diese Stellen selbst einzuschalten, wenn die Eltern nicht mitwirken (§ 8a Abs. 4 SGB VIII).
Die oben benannten zwei Handlungsalternativen finden sich auch in der Empfehlung des DEUTSCHEN STÄDTETAGES aus dem Jahr 2003 wieder. In dieser Empfehlung wird zwischen Fällen mit einer weniger intensiven bis geringfügigen oder nicht akut drohenden Kindeswohlgefährdung unterhalb der Eingriffsschwelle nach §§ 1666, 1666a BGB und Fällen einer akuten Gefährdung, die oberhalb dieser Eingriffsschwelle liegt, unterschieden. Nach § 8a SGB VIII hat das Jugendamt immer dann eine Pflicht zu handeln, wenn ihm gewichtige Anhaltspunkte für eine Kindeswohlgefährdung bekannt werden. Mit dem Begriff der Gefährdung ist somit eine deutlich höhere Schwelle gemeint als die fehlende Gewährleistung einer dem Wohl des Kindes entsprechenden Erziehung, wie sie im Sinne des

§ 27 SGB VIII normiert ist (vgl. MÜNDER u. a. 2006, § 8a, Rz. 9) und einer Eingriffsschwelle unterhalb des § 1666 BGB entsprechen würde.
Darüber hinaus ist für weitere Handlungsschritte maßgeblich, ob die Eltern bereit und in der Lage sind, an der Abwendung der Gefährdung mitzuwirken. Ist dies nicht der Fall, ergibt sich daraus für das Jugendamt die Pflicht, das Familiengericht einzuschalten und/oder das Kind in Obhut zu nehmen, wenn eine dringende Gefahr besteht (§ 8a Abs. 3 SGB VIII).
Zunächst soll eine Differenzierung der Handlungspflichten bei einer Gefährdung unterhalb und im Folgenden oberhalb der Eingriffsschwelle nach § 1666 BGB vorgenommen werden.

#### 3.1.3.1 Gefährdung unterhalb der Eingriffsschwelle von § 1666 BGB

Eine Gefährdung des Kindeswohls liegt noch unterhalb der Grenze, die einen Eingriff im Sinne des § 1666 BGB rechtfertigen würde, allerdings ist bereits eine gewisse Mangelsituation vorhanden, die durch das Vorliegen eines erzieherischen Bedarfs gekennzeichnet ist (vgl. MEYSEN 2008, S. 19). In diesem Sinne ist eine dem Wohl des Kindes oder Jugendlichen entsprechende Erziehung nicht gewährleistet und sind somit die Anspruchsvoraussetzungen für Hilfen zur Erziehung gegeben.
Auch wenn die geeigneten und notwendigen Hilfen gemäß § 8a Abs. 1 Satz 3 SGB VIII in erster Linie die Hilfen zu Erziehung nach § 27 SGB VIII sein werden, muss der Hilfebegriff doch viel weiter gefasst werden und die gesamten Leistungen des § 2 Abs. 2 SGB VIII umfassen. Letztlich muss mit Blick auf die beiden genannten Handlungsalternativen unter geeigneten und notwendigen Hilfen alles verstanden werden, was nicht unter § 8a Abs. 3 und 4 SGB VIII fällt (vgl. KUNKEL 2006, § 8a, Rz. 39).
An dieser Stelle und aufgrund der hohen Relevanz wird nun näher auf die Hilfen zur Erziehung, auf die Eingliederungshilfe für seelisch behinderte Kinder und Jugendliche nach § 35a SGB VIII sowie auf weitere Leistungen der Jugendhilfe eingegangen.

**Hilfen zur Erziehung**
Die Hilfen zur Erziehung fassen die einzelnen auf die Familie bezogenen erzieherischen Hilfen zusammen. In einem ausdifferenzierten System von Hilfeleistungen drückt sich der Grundgedanke der Jugendhilfe aus, möglichst frühzeitig eine nicht diskriminierende Unterstützung von Familien

anzubieten, die auf Freiwilligkeit statt Eingriff und einer partnerschaftlichen Zusammenarbeit zwischen Jugendhilfe und Betroffenen aufbaut (vgl. BAUER u. a. 2001, S. 279 f.).
Die Ausgangsnorm für Hilfen zur Erziehung ist in § 27 SGB VIII geregelt. In ihr wird ein individueller Rechtsanspruch auf Unterstützung und Hilfe verdeutlicht und der öffentliche Jugendhilfeträger ist verpflichtet, entsprechende Angebote zu schaffen (vgl. GÜNDER 1999, S. 26).
Die Voraussetzungen für Hilfen zur Erziehung sind immer dann gegeben, wenn

1. eine dem Wohl des Minderjährigen entsprechende Erziehung nicht gewährleistet und
2. die jeweils angebotene Hilfe für seine Entwicklung geeignet und
3. notwendig ist.

Demzufolge muss eine Mängellage in der Erziehung vorliegen, wobei unerheblich ist, ob sie ihre Ursache im Verhalten des Kindes/Jugendlichen oder in der mangelnden oder unzureichenden Erziehungskompetenz der Eltern hat. Es kann in den meisten Fällen von einer Wechselwirkung dieser beiden verschiedenen Ursachenlagen ausgegangen werden (vgl. WIESNER 2001, S. 336).
Aus § 27 Abs. 1 SGB VIII ergibt sich, dass die Personensorgeberechtigten, in der Regel die Eltern, anspruchsberechtigt sind.
Gegen den Willen der Eltern können Hilfen zur Erziehung nicht durchgeführt werden (vgl. WIESNER 2001, S. 336). Die Freiwilligkeit der Hilfen und die Notwendigkeit einer Zusammenarbeit mit der Familie finden hierin ihren Ausdruck (vgl. GÜNDER 1999, S. 19). Lehnen Eltern allerdings Hilfen zur Erziehung ab und gefährden sie damit das Kindeswohl, dann ist das Jugendamt nach § 8a Abs. 3 SGB VIII verpflichtet, das Familiengericht anzurufen oder das Kind/den Jugendlichen ggf. in Obhut zu nehmen.
Als Hilfen zur Erziehung werden vorrangig die in §§ 28-35 SGB VIII aufgeführten Maßnahmen gewährt. Durch die Formulierung „insbesondere" wird allerdings deutlich, dass darunter ein offener Hilfekatalog zu verstehen ist, der Raum für die Entwicklung neuer Hilfeformen lässt (vgl. WIESNER 2001, S. 338). Die Art und der Umfang der Hilfe soll sich nach dem erzieherischen Bedarf im Einzelfall richten und das engere soziale Umfeld mit einbeziehen (§ 27 Abs. 2 SGB VIII).

Bei den Hilfen zur Erziehung ist in ambulante, teilstationäre und stationäre Hilfeformen zu unterscheiden.
Zu den ambulanten Maßnahmen der Hilfen zur Erziehung gehören die §§ 28 - 31 SGB VIII. Ambulante Hilfen setzen familiäre Strukturen und Beziehungsverhältnisse voraus, die zumindest begrenzt tragfähig sind und auf denen aufgebaut werden kann, um eine neue Entwicklung zu ermöglichen. Neben der Unterstützung der Verselbständigungsprozesse von jungen Menschen lassen sich dann auch positive Veränderungen im familiären System erwarten, so dass die Erziehungshilfen als Mobilisierung der Eigenkräfte der Familie betrachtet werden können.

§ 28 SGB VIII: Erziehungsberatung
Die Erziehungsberatung soll bei der Klärung und Bewältigung individueller und familienbezogener Probleme und der zugrunde liegenden Faktoren, bei der Lösung von Erziehungsfragen sowie bei Trennung und Scheidung unterstützen.
Die Erziehungsberatung gilt als niedrigschwelligstes Angebot der Hilfen zur Erziehung und richtet sich vornehmlich an die Erziehungsberechtigten. Neben ihrer Präventionsaufgabe ist sie auch Problem-, Krisen- und Konfliktberatung. Zu ihren Aufgabenbereichen kann neben der Erziehungs- und Trennungs-/Scheidungsberatung auch die Ehe- und Lebensberatung, Schwangerschaftskonfliktberatung und Drogenberatung gehören (vgl. KRÜGER u. a. 2006, S. 16).
Die Erziehungsberatung ist eine Leistung der Jugendhilfe, die darauf abzielt, die Eltern/Personensorgeberechtigten in ihrer Erziehungskompetenz zu unterstützen, damit eine dem Kindeswohl entsprechende Erziehung gewährleistet wird (vgl. HUNDSALZ 2001, S. 506).

§ 29 SGB VIII: Soziale Gruppenarbeit
Mit Hilfe der sozialen Gruppenarbeit soll älteren Kindern und Jugendlichen bei der Überwindung von Entwicklungsschwierigkeiten und Verhaltensproblemen geholfen werden.
Die soziale Gruppenarbeit ist eine ambulante Form der Hilfen zur Erziehung mit dem Auftrag, methodische Angebote zu entwickeln und vorzuhalten, die Kindern und Jugendlichen soziales Lernen in Gruppen und in Lern- und Leistungssituationen ermöglicht. Ziel ist die Überwindung von zu erwartenden bzw. beginnenden Entwicklungsschwierigkeiten und Ver-

haltensproblemen, deren Verfestigung ohne erzieherische Hilfen im weiteren Entwicklungslauf zu erwarten wären (vgl. WEGEHAUPT-SCHLUND 2001, S. 534).

§ 30 SGB VIII: Erziehungsbeistand/Betreuungshelfer
Der Erziehungsbeistand/Betreuungshelfer soll das Kind oder den Jugendlichen bei der Bewältigung von Entwicklungsproblemen möglichst unter Einbeziehung des sozialen Umfelds unterstützen und unter Erhalt des Lebensbezugs zur Familie seine Verselbständigung fördern.
Als Zielgruppe kommen in erster Linie Kinder und Jugendliche in Betracht, denen es in der Familie an Hilfestellung zur Bewältigung von Problemen in der Schule, im Kontakt mit Gleichaltrigen und beim Zurechtfinden in der Gesellschaft fehlt. Straffällig gewordene Kinder und Jugendliche, bei denen das Abrutschen in Randgruppen droht, sind ebenso Adressaten für diese Hilfemaßnahme wie Jugendliche, die bei der Herauslösung aus dem Elternhaus Unterstützung bedürfen oder nach einem Heimaufenthalt wieder in die Familie zurückgeführt werden sollen oder in eine eigene Wohnung ziehen (vgl. KRÜGER u. a. 2006, S. 21).

§ 31 SGB VIII: Sozialpädagogische Familienhilfe
Durch intensive Betreuung und Begleitung sollen Familien in ihren Erziehungsaufgaben, bei der Bewältigung von Alltagsproblemen, der Lösung von Konflikten und Krisen sowie im Kontakt mit Ämtern und Institutionen unterstützt und Hilfe zur Selbsthilfe gegeben werden. Die Maßnahme ist auf längere Zeit angelegt und erfordert die Mitarbeit der Familie.
Die Sozialpädagogische Familienhilfe gilt als die intensivste ambulante Betreuungsform und versucht unter Einbeziehung des direkten Lebensraumes der Familie und des sozialen Umfeldes mit Angeboten zur Bewältigung von Alltagsproblemen zur Verbesserung der Lebensqualität der Familie beizutragen. Ein weiteres Ziel der Sozialpädagogischen Familienhilfe liegt in der Reintegration der Familie und dem Aufbrechen der Isolation, in der die Familie mit zumeist vielfältigen psychosozialen Schwierigkeiten lebt (vgl. KRÜGER u. a. 2006, S. 23 f.).

Zu den teilstationären Hilfemaßnahmen gehört die Erziehung in einer Tagesgruppe (§ 32 SGB VIII). Diese soll die Entwicklung des Kindes oder Jugendlichen durch soziales Lernen in der Gruppe, Begleitung der schuli-

schen Förderung und Elternarbeit unterstützen und dadurch den Verbleib des Kindes oder Jugendlichen in seiner Familie sichern.
Die Familien erfahren tagsüber durch die Tagesgruppe eine Entlastung. Durch die Zusammenarbeit der Mitarbeiterinnen und Mitarbeiter der Tagesgruppe mit den Eltern können diese ihre Erziehungskompetenzen wieder erlangen und eine Fremdunterbringung kann vermieden werden. Ziel der Tagesgruppe ist neben der Förderung und Begleitung der emotionalen Entwicklung und Stabilisierung des Kindes, die Förderung der schulischen Integration und Verbesserung der Beziehungsqualität zwischen Eltern und Kind (vgl. MÜNDER u. a. 2006, § 32, RN 1, 8, 12).

Die stationären Hilfen zur Erziehung erstrecken sich über die §§ 33, 34 SGB VIII. Sie kommen immer dann zum Tragen, wenn weder ambulante noch teilstationäre Hilfen zu einer Verbesserung der Lebenssituation von Kindern und Jugendlichen und ihren Familien beitragen können.

§ 33 SGB VIII: Vollzeitpflege
Unter Berücksichtigung des Alters, des Entwicklungsstandes, den persönlichen Bindungen des Kindes oder der/des Jugendlichen und den Möglichkeiten der Verbesserung der Erziehungsbedingungen in der Herkunftsfamilie, soll diese Hilfeform eine zeitlich befristete Erziehungshilfe oder auch eine auf Dauer angelegte Lebensform bieten.
Ausschlaggebend für diese Hilfemaßnahme ist, dass ein erzieherischer Bedarf besteht, der nicht durch die leiblichen Eltern bzw. in der Herkunftsfamilie erfüllt werden kann. Mit der Unterbringung, Betreuung und Erziehung des Kindes über Tag und Nacht außerhalb des Elternhauses soll die familiäre Erziehung für befristete Zeit oder auf Dauer ersetzt werden (vgl. MÜNDER u. a. 2006, § 33, RN 1, 2, 6).

§ 34 SGB VIII: Heimerziehung, sonstige betreute Wohnform
In einer Einrichtung über Tag und Nacht (Heimerziehung) oder in einer sonstigen betreuten Wohnform soll Kindern und Jugendlichen durch eine Verbindung von Alltagserleben mit pädagogischen und therapeutischen Angeboten eine Förderung ihrer Entwicklung angeboten und ermöglicht werden. Eine Rückführung in die Herkunftsfamilie nach Verbesserung der Ausgangsbedingungen wird angestrebt. Alternativ zu einer Rückführung soll diese Hilfeform auf die Erziehung in einer anderen Familie vorbereiten

oder eine auf längere Zeit angelegte Lebensform bieten, die ein selbständiges Leben anbahnt.

Eine Sonderform der Hilfen zur Erziehung stellt die intensive sozialpädagogische Einzelbetreuung nach § 35 SGB VIII dar. Sie soll Jugendlichen gewährt werden, die einer intensiven Unterstützung zur sozialen Integration und zu einer eigenverantwortlichen Lebensführung bedürfen. Diese Hilfe ist auf längere Zeit angelegt und soll den individuellen Bedürfnissen des Jugendlichen gerecht werden. Sie richtet sich in erster Linie an Jugendliche, die sich den anderen Hilfeangeboten entziehen bzw. durch diese nicht mehr erreicht werden können und die sich in besonders gefährdeten Lebenssituationen befinden. Die Betreuung ist stark auf individuelle Bedürfnisse ausgerichtet und erfordert häufig eine Präsenz und Ansprechbarkeit des Pädagogen rund um die Uhr. Durch eine größere Formenvielfalt und Offenheit der Inhalte sind auch erlebnispädagogische Angebote, die ggf. auch im Ausland durchgeführt werden können, möglich (vgl. MÜNDER u. a. 2006, § 35, RN 1, 3, 4).

**Eingliederungshilfe für seelisch behinderte Kinder (§ 35a SGB VIII)**

Die beschriebenen Hilfeformen der Hilfen zur Erziehung kommen als Hilfemaßnahme ebenfalls für seelisch behinderte Kinder und Jugendliche nach § 35a Abs. 2 SGB VIII in Betracht. Im Gegensatz zu den Hilfen zur Erziehung, in denen die Personensorgeberechtigten anspruchsberechtigt sind, haben in Bezug auf § 35a SGB VIII Kinder und Jugendliche selbst einen Rechtsanspruch auf Eingliederungshilfe, wenn ihre seelische Gesundheit mit hoher Wahrscheinlichkeit länger als sechs Monate von dem für ihr Lebensalter typischen Zustand abweicht und ihre Teilhabe am Leben in der Gesellschaft beeinträchtigt ist oder eine solche Beeinträchtigung zu erwarten ist.

Durch die Einfügung des Satzes 2 in § 35a Abs. 1 SGB VIII durch KICK, wird nunmehr auch eine drohende seelische Behinderung berücksichtigt, die mit hoher Wahrscheinlichkeit zu erwarten ist (vgl. MÜNDER u. a. 2006, § 35a, Rz. 42).

Zur Feststellung einer (drohenden) seelischen Behinderung bedarf es des Zusammenwirkens verschiedener Disziplinen, bspw. durch ärztliche oder psychotherapeutische Expertisen. Ausgangspunkt der Diagnose ist dabei stets eine Abweichung von der seelischen Gesundheit bzw. das Vorliegen einer psychischen Störung. Von einer konkreten seelischen Behinderung kann dann gesprochen werden, wenn zusätzlich zur psychischen Störung eine Teilhabebeeinträchtigung vorliegt (vgl. MÜNDER u. a. 2006, § 35a, Rz. 10).

**Weitere Leistungen der Jugendhilfe**

Wie bereits erwähnt werden die geeigneten und notwendigen Hilfen gemäß § 8a Abs. 1 Satz 3 SGB VIII in erster Linien die Hilfen zu Erziehung nach § 27 SGB VIII sein, dennoch muss der Hilfebegriff viel weiter gefasst werden. Zusätzlich zu den Hilfen der Erziehung und der Eingliederungshilfe für seelisch behinderte Kinder und Jugendliche kommen auch alle übrigen in § 2 Abs. 2 SGB VIII genannten Leistungen der Jugendhilfe in Betracht. Aufgrund der geringeren Relevanz sollen sie an dieser Stelle lediglich genannt werden:

- Angebote der Jugendarbeit, der Jugendsozialarbeit und des erzieherischen Kinder- und Jugendschutzes (§§ 11 bis 14 SGB VIII)
- Angebote zur Förderung der Erziehung in der Familie (§§ 16 bis 21 SGB VIII)
- Angebote zur Förderung von Kindern in Tageseinrichtungen und in der Tagespflege (§§ 22 bis 25 SGB VIII)

### 3.1.3.2 Gefährdung oberhalb der Eingriffsschwelle von § 1666 BGB

Auch bei einer Gefährdung, die oberhalb der Eingriffsschwelle des § 1666 BGB liegt, sind in erster Linie den Eltern geeignete und notwendige Hilfen anzubieten und zu gewähren (§ 8a Abs. 1 Satz 3 SGB VIII). Wie bereits oben dargestellt, hat der Einsatz von öffentlichen Hilfen Vorrang vor dem Eingriff in Elternrechte, wenn damit die Gefährdung abgewendet werden kann. Für die erforderlichen Hilfemaßnahmen steht dem öffentlichen Jugendhilfeträger der Maßnahmenkatalog der Hilfen zur Erziehung nach § 27 SGB VIII zur Verfügung.
Liegt eine akute Gefährdung des Kindeswohls vor, sind die notwendigen Schritte zur Inobhutnahme des Kindes nach § 42 SGB VIII und die Anrufung des Familiengerichts einzuleiten.

**Inobhutnahme**

Durch das Inkrafttreten des Kinder- und Jugendhilfeweiterentwicklungsgesetzes (KICK) erfolgte auch eine Änderung der vorläufigen Maßnahmen zum Schutz von Kindern und Jugendlichen. Die bisherige Regelung sah zwei Vorschriften vor, § 42 (Inobhutnahme) und § 43 SGB VIII (Herausnahme des Kindes oder Jugendlichen), die nunmehr in einer Vorschrift zusammengefasst werden. Die Inobhutnahme gehört zu den in § 2 Abs. 3 SBG VIII geregelten „anderen Aufgaben" der Jugendhilfe, die den hoheitlichen Aufgabenbereich der öffentlichen Jugendhilfe kennzeichnen (vgl. MÜNDER u. a. 2006, § 42, Rz. 4).

Der neu geordnete § 42 SGB VIII sieht vor, dass Kinder und Jugendliche in Obhut zu nehmen sind, wenn sie entweder selbst darum bitten oder eine dringende Gefahr für ihr Wohl besteht und die Eltern der Inobhutnahme nicht widersprechen oder eine familiengerichtliche Entscheidung nicht rechtzeitig eingeholt werden kann. Ausländische Kinder oder Jugendliche sind in Obhut zu nehmen, wenn sie ohne Begleitung nach Deutschland kommen und sich weder Personen- noch Erziehungsberechtigte im Inland aufhalten. Das Kind ist bei geeigneten Personen, Einrichtungen oder sonstigen Wohnformen unterzubringen. Darüber hinaus besteht die Befugnis, bei dringender Gefahr für das Wohl des Kindes oder Jugendlichen dieses auch von anderen Personen wegzunehmen (§ 42 Abs. 1 SGB VIII).

Bei den so genannten Selbstmeldern, also Kinder und Jugendliche, die selbst um Inobhutnahme bitten, besteht für das Jugendamt ohne Einschränkung und Vorprüfung die Berechtigung und Verpflichtung zur vorläufigen Unterbringung. Entscheidend ist das subjektive Schutzbedürfnis des Kindes oder Jugendlichen, auch wenn diese aus Angst oder Scham schweigen (vgl. Münder u. a. 2007, Kap. 3.9, Rz. 7).

Bei einer dringenden Gefahr für das Wohl des Kindes, die sich am Maßstab von § 1666 BGB orientiert, besteht die Verpflichtung zur Inobhutnahme, wenn die Gefahr nicht anders abgewendet werden kann. Das erwähnte Widerspruchsrecht der Eltern weist auf eine mit ihnen einvernehmlich zu erzielende Regelung hin. Ziel dabei ist, mit ihnen gemeinsam die Gefährdung abzuschätzen und ihnen die Möglichkeit der Abwendung zu geben. Die Kindeswohlgefährdung muss erheblich und dringend sein. In Fällen, in denen eine einvernehmliche Reglung mit den Eltern nicht möglich ist und sie der Inobhutnahme widersprechen, stellt die Inobhutnahme einen „ersten Zugriff" in einer besonderen Eilsituation dar, wenn eine Entscheidung des Familiengerichts nicht abgewartet werden kann (vgl. MÜNDER u. a. 2007, Kap 3.9, Rz. 8 ff.). Eine Kindeswohlgefährdung erweist sich dann als erheblich und dringend, wenn nach durchgeführter Risikoabschätzung „eine tatsächliche Beeinträchtigung des körperlichen, geistigen und/oder seelischen Wohls des Kindes/Jugendlichen unmittelbar bevorsteht. Dasselbe gilt bei bereits eingetretener Beeinträchtigung des Kindeswohls, wenn eine erneute Beeinträchtigung droht und unmittelbar bevorsteht, wenn sich also die Kindeswohlgefahr in einer konkreten Wiederholungsgefahr ausdrückt und manifestiert" (KUNKEL 2006, § 8a, Rz. 58).

Das Jugendamt ist also befugt, selbst in die elterliche Sorge einzugreifen, wenn eine familiengerichtliche Entscheidung nicht rechtzeitig eingeholt werden kann. Es ist verpflichtet, das Kind oder die/den Jugendlichen notfalls auch gegen den Willen der Eltern in Obhut zu nehmen (vgl. MEYSEN 2008, S. 30). Eine Verletzung des verfassungsrechtlich geschützten Elternrechts liegt mit der Inobhutnahme gegen den Willen der Eltern nicht vor, da die Elternverantwortung sich grundsätzlich am Kindeswohl orientieren soll. Ist das Kindeswohl gefährdet, darf im Rahmen des staatlichen Wächteramtes eingegriffen werden, um das Grundrecht des Kindes auf Schutz vor Gefahren für sein Wohl zu gewährleisten (vgl. DEUTSCHER BUNDESTAG 2004, S. 37).

Die Berechtigung des Jugendamtes, Kinder und Jugendliche auch gegen den Willen der Eltern in Obhut zu nehmen, umfasst nach § 42 Abs. 6 SGB VIII allerdings nicht die Befugnis, selbst unmittelbaren Zwang z. B. durch das Aufbrechen von Türen o. ä. anzuwenden, es muss hierzu die dazu befugten Stellen hinzuziehen und ist auf die Unterstützung bspw. durch die Polizei angewiesen.

Zur vorläufigen Unterbringung werden drei mögliche Alternativen genannt (Personen, Einrichtungen oder sonstige Wohnformen), die geeignet sein müssen. Da es bei der Unterbringung auch immer um Betreuung geht, sollten insbesondere die Einrichtungen und „sonstigen Wohnformen" personell qualifiziert, sachlich tauglich und zweckdienlich ausgestattet sein. Zu den „geeigneten Personen" zählen u. a. neben der Unterbringung bei Verwandten, Nachbarn oder auch dem nicht-sorgeberechtigten Elternteil die Bereitschaftspflegestellen, die von großer Bedeutung sind (vgl. MÜNDER u. a. 2007, Kap. 3.9, Rz. 317).

Nach Abs. 2 der Vorschrift muss während der Inobhutnahme die vorausgehende Situation mit dem Kind oder Jugendlichen geklärt und Möglichkeiten der Hilfe und Unterstützung aufgezeigt werden. Das Jugendamt hat während der gesamten Dauer der Inobhutnahme das Wohl des Kindes oder Jugendlichen sicherzustellen, inklusive des dabei notwendigen Unterhalts und der Krankenhilfe. Die Inobhutnahme bezieht sich nur auf Minderjährige. Ihnen ist unverzüglich die Gelegenheit zu geben, eine Vertrauensperson zu kontaktieren. Das Jugendamt ist weiterhin berechtigt, alle notwendigen Rechtshandlungen vorzunehmen, wobei der mutmaßliche Wille der Eltern angemessen berücksichtigt werden sollte (§ 42 Abs. 2 SGB VIII).

Freiheitsentziehende Maßnahmen sind nur dann zulässig, wenn nur dadurch eine Gefahr für Leib und Leben des Kindes oder Jugendlichen selbst oder für Dritte abzuwenden ist (§ 42 Abs. 5 SGB VIII). Eine einfache, drohende Körperverletzung oder die Gefährdung anderer Rechtsgüter, wie Besitz oder Eigentum, reicht für eine freiheitsentziehende Maßnahme nicht aus. Vielmehr muss die Gefährdung bspw. in Form von unkontrolliertem Suchtverhalten, Prostitution, verhängnisvoller Selbstgefährdung und deutlicher Suizidgefährdung vorliegen (vgl. MÜNDER u. a. 2007, Kap. 3.9, Rz. 32).

Die Inobhutnahme endet entweder mit der Herausgabe des Kindes oder Jugendlichen an die Eltern oder mit der Entscheidung über Anschlussmaßnahmen. Eine zeitliche Befristung der Inobhutnahme sieht das Gesetz nicht vor (§ 42 Abs. 4 SGB VIII).

### Einschalten des Familiengerichts

Nach § 8a Abs. 3 SGB VIII hat das Jugendamt das Familiengericht anzurufen, wenn es dessen Tätigwerden für erforderlich hält. Insbesondere dann, wenn Personensorgeberechtigte nicht für Hilfezugänge gewonnen werden können bzw. sie diese nicht von sich aus öffnen. Eine Anrufung ist auch dann angezeigt, wenn gewichtige Anhaltspunkte vorliegen, das Jugendamt aber keine eigene Feststellung treffen kann, da die Personensorgeberechtigten nicht bereit oder in der Lage sind, bei der Risikoabschätzung mitzuwirken oder wenn die Zusammenarbeit verweigert wird (vgl. MEYSEN 2008, S. 29).

Das Jugendamt ist auf Kooperation mit dem Familiengericht immer dann angewiesen, wenn zur Abwehr einer Gefährdung auf die elterliche Sorge

Einfluss genommen werden muss. Das Familiengericht trifft dabei eigenständige Entscheidungen. Die Arbeitsteilung zwischen Gericht und Jugendhilfe ist historisch gewachsen: Das Jugendamt ist für die Gewährung von personenbezogenen Dienstleistungen zuständig, das Familiengericht hingegen für Entscheidungen, die die elterliche Sorge berühren, die von bloßen Ge- und Verboten bis hin zum (teilweisen) Entzug der elterlichen Sorge reichen können (vgl. WIESNER 2007, S. 13). Dem Jugendamt steht dabei ein Beurteilungsspielraum zu, ob das Familiengericht bei gegebenen Tatbestandsvoraussetzungen eingeschaltet wird. Kann die Gefährdung bereits durch andere geeignete Hilfemaßnahmen abgewendet werden, so bedarf es keiner Anrufung des Gerichts (vgl. MÜNDER u. a. 2006, § 8a, Rz. 37 f.). Die Erforderlichkeit der Anrufung des Familiengerichts setzt voraus, dass dem Jugendamt zur Abwendung der Gefährdungslage keine anderen, weniger eingriffsintensiven Mittel zur Verfügung stehen. Ist das Familiengericht eingeschaltet, so ist dieses ausschließlich dafür zuständig, dass die erforderlichen Maßnahmen zur Beseitigung der Gefährdung angeordnet werden (vgl. KUNKEL 2006, § 8a, Rz. 53 ff.).
Nach Erörterung der drohenden Gefährdung in eigener Kompetenz kann das Familiengericht zum Schutz von Kindern und Jugendlichen folgende Maßnahmen anordnen:

- Gebote gegenüber den Eltern, angebotene Hilfen nach SGB VIII anzunehmen, ärztliche Behandlung in Anspruch zu nehmen oder für die Einhaltung der Schulpflicht zu sorgen oder
- Verbote, Kontakt aufzunehmen oder die Familienwohnung zu nutzen
- Ersetzungen der Erklärungen des Inhabers der elterlichen Sorge, bei Einwilligungen in Operationen oder Schwangerschaftsabbruch
- oder Entzug, teilweise oder ganz, der elterlichen Sorge.

Die Entscheidungen des Gerichts sind in angemessenen Zeiträumen zu überprüfen und ggf. zu ändern oder aufzuheben (vgl. MEYSEN 2008, S. 36 f.).

**Einschalten anderer Stellen**
Stellt sich nach Abschätzung des Gefährdungsrisikos heraus, dass neben der Installierung von Hilfen das Tätigwerden anderer Leistungsträger, der Einrichtungen der Gesundheitshilfe oder der Polizei notwendig ist, muss das Jugendamt gemäß § 8a Abs. 4 SGB VIII dieses Tätigwerden als Be-

standteil des Schutzauftrages veranlassen. Eine mögliche Erforderlichkeit ist in der ärztlichen Untersuchung und/oder Behandlung, der Gewährung von Hilfen für geistig oder körperlich behinderte Kinder oder Jugendliche durch andere Sozialleistungsträger, der Anwendung unmittelbaren Zwangs bzw. der Strafverfolgung durch die Polizei oder durch Maßnahmen des sozialpsychiatrischen Dienstes gegeben (vgl. KUNKEL 2006, § 8a, Rz. 62).

Die Inanspruchnahme Dritter, wie Gesundheitshilfe, andere Sozialleistungsträger oder der Polizei, gehört nicht zum Aufgabengebiet des Jugendamtes, sondern unterliegt der Verantwortung der Personen- und Erziehungsberechtigten (vgl. MÜNDER u. a. 2006, § 8a, Rz. 52). Das Jugendamt hat darauf hinzuwirken, dass durch die Eltern die oben beschriebenen erforderlichen Maßnahmen angenommen werden. Die Hinwirkungspflicht des Jugendamtes umfasst ggf. unter Einsatz flankierender Maßnahmen die Sorge, dass die erforderlichen Maßnahmen tatsächlich in Anspruch genommen und durchgeführt werden (vgl. KUNKEL 2006, § 8a, Rz. 63). Wirken die Eltern nicht mit, schaltet das Jugendamt die anderen zur Abwendung der Gefahr zuständigen Stellen selbst ein, wenn ein sofortiges Tätigwerden erforderlich ist. Ein sofortiges Tätigwerden ist immer dann gegeben, wenn ohne dieses Tätigwerden die Gefährdungsintensität in dem Maße zunähme, dass aus der Gefährdung eine tatsächliche Beeinträchtigung erfolgen würde (vgl. KUNKEL 2006, § 8a, Rz. 64).

### 3.1.4 Zusammenarbeit mit anderen Stellen und öffentlichen Einrichtungen

Die bisherigen Ausführungen beschreiben in erster Linie die Verfahrensschritte und Handlungsverpflichtungen des öffentlichen Trägers nach § 8a SGB VIII zum Schutz von Kindern vor Gefahren für ihr Wohl. Ein wesentlicher Bestandteil dieser Normierung ist die Pflicht des öffentlichen Jugendhilfeträgers, Vereinbarungen mit freien Trägern abzuschließen, damit diese in entsprechender Weise den Schutzauftrag erfüllen. Darüber hinaus hat der öffentliche Jugendhilfeträger weitere Kooperationsbestrebungen mit sonstigen Institutionen zu betreiben, um auch in dieser Richtung einen möglichst umfassenden Schutz von Kindern und Jugendlichen ermöglichen zu können. Für diese Bestrebungen spielt § 81 SGB VIII eine maßgebliche Rolle. In § 81 SGB VIII wird die Zusammenarbeit des öffent-

lichen Trägers mit anderen Stellen und öffentlichen Einrichtungen geregelt. Der öffentliche Jugendhilfeträger hat mit anderen Stellen und öffentlichen Einrichtungen zusammenzuarbeiten, deren Tätigkeit sich auf die Lebenssituation junger Menschen und ihrer Familien auswirkt, u. a. insbesondere mit Schulen und Stellen der Schulverwaltung, des Gesundheitsdienstes, Trägern der Sozialleistungen und der Polizei. Die Formulierung „insbesondere" macht deutlich, dass die aufgeführte Aufzählung keine abschließende ist, sondern Raum lässt für eine Kooperation mit anderen Bereichen, die dort nicht explizit genannt werden. Dies können im medizinischen Bereich insbesondere Kinderärzte sein sowie in anderen Bereichen Jugendverbände und (Sport-)Vereine.
Die Vorschrift ist in Verbindung mit der Gesamtverantwortung (§ 79 SGB VIII) und der Jugendhilfeplanung (§ 80 SGB VIII) zu betrachten und kommt so ebenfalls den Querschnittsaufgaben der Jugendhilfe zu, wie sie auch in § 1 Abs. 3 Nr. 4 SGB VIII, der Schaffung von positiven Lebensbedingungen für junge Menschen und ihre Familien, benannt werden. Die Verpflichtung der öffentlichen Jugendhilfe auf eine Zusammenarbeit mit anderen Stellen und öffentlichen Einrichtungen, deren Tätigkeit sich ebenfalls auf die Lebenssituation von Kindern, Jugendlichen und ihren Familien auswirkt, ist im Sinne einer konsequenten Umsetzung dieses Querschnittsauftrages zu verstehen (vgl. KUNKEL 2006, § 81, Rz. 1). „Zusammenarbeit heißt in diesem Kontext, die Belange der jungen Menschen gegenüber diesen Institutionen zu vertreten und sich inhaltlich und fachlich im Vorgehen und bei Maßnahmen abzustimmen. [...] Gemeint ist auch die Bildung von Kooperationsbündnissen, in denen mehrere Kooperationspartner zusammenwirken [...]" (MÜNDER u. a. 2006, § 81, Rz. 3).
Die Zusammenarbeit der öffentlichen Jugendhilfe mit anderen Stellen und Einrichtungen hat im Rahmen ihrer Aufgaben und Befugnisse stattzufinden, worunter vor allem die Wahrnehmung der Aufgaben im Leistungsbereich des SGB VIII zu verstehen ist, aber auch unter Wahrung des Aspektes des Datenschutzes, auf den in Punkt 4 näher eingegangen wird (vgl. MÜNDER u. a. 2006, § 81, Rz. 6).
Für den weiteren Verlauf dieses Buches sind zum einen der Bereich der Schule bzw. Schulverwaltung und zum anderen der Bereich des öffentlichen Gesundheitsdienstes sowie auch von niedergelassenen (Kinder-) Ärztinnen und Ärzten von Interesse.

Die Schule stellt neben der Familie einen wesentlichen Sozialisationsraum für Kinder und Jugendliche dar, der einen eigenständigen Bildungs- und Erziehungsauftrag verfolgt. Durch veränderte Bedingungen in Schulen, durch immer größer werdende Klassen, zunehmende Gewaltbereitschaft von Kindern und Jugendlichen aber auch die Zunahme von Unruhe und Konzentrationsschwächen ist ein Aufeinander-Zugehen von Jugendhilfe und Schule erforderlich. Die Schule kann die präventive Funktion eines Frühwarnsystems erfüllen, so dass bei Bedarf frühzeitig niedrigschwellige, ambulante Hilfen eingesetzt werden können (vgl. KUNKEL 2006, § 81, Rz. 3), nicht zuletzt auch in Hinsicht auf eine drohende oder bereits eingetretene Kindeswohlgefährdung. Die Schule ist der Ort, an dem Kinder und Jugendliche aufgrund der Schulpflicht gut erreicht werden können.
Der zunehmenden Bedeutung der Zusammenarbeit kann nur durch gesetzliche Regelungen auch im Schulbereich nachgekommen werden. Angelegenheiten der Schulen sind Ländersache und in einigen Bundesländern wurden Kooperationsverpflichtungen in das jeweilige Schulgesetz mit aufgenommen. So besagt bspw. das Niedersächsische Schulgesetz (NSchG) in § 25 Abs. 3 mit fast gleichem Wortlaut wie § 81 SGB VIII, dass Schulen mit den Trägern der öffentlichen und freien Jugendhilfe sowie anderen Stellen und öffentlichen Einrichtungen, deren Tätigkeit sich wesentlich auf die Lebenssituation junger Menschen auswirkt, im Rahmen ihrer Aufgaben zusammenzuarbeiten haben.
Die Zusammenarbeit mit dem öffentlichen Gesundheitsdienst erfolgt u. a. im Rahmen der Frühförderung, der Bekämpfung von sexuellem Missbrauch, in der Suchtmittelprophylaxe aber auch in Wechselbeziehung mit dem Bereich der Kinder- und Jugendpsychiatrie, bspw. vor dem Hintergrund der Zuständigkeit der Jugendhilfe für seelisch behinderte Kinder und Jugendliche nach § 35a SGB VIII. Doch auch der Präventionsansatz im Gesundheitsbereich im Rahmen von sozialen Frühwarnsystemen zeigt, dass eine systematische Kooperation in Form eines Verbundes die erforderliche Multiprofessionalität in der Prävention sichern hilft (vgl. MÜNDER u. a. 2006, § 81, Rz. 14).
An dieser Stelle ließe sich ebenfalls der Bereich der Kinderärzte, Kliniken und Krankenhäuser eingliedern, um eine Vernetzung zum Schutz von Kindern vor Gefahren für ihr Wohl zu erreichen und um rechtzeitig und frühzeitig Hilfen installieren zu können.

## 3.2 Freie Jugendhilfe

Im Zusammenhang mit der Leistungserbringung in Einrichtungen und Diensten der freien Jugendhilfe ergeben sich häufig Anhaltspunkte, die auf eine Kindeswohlgefährdung hinweisen und dann ggf. ein Tätigwerden im Sinne des Schutzauftrages erforderlich machen. Generell kann festgestellt werden, dass sich eine Mitverantwortung der freien Träger zum Schutz von Kindern und Jugendlichen nicht erst durch die Einführung des § 8a SGB VIII ergibt. Die Zielbestimmung des § 1 Abs. 3 Nr. 3 SGB VIII zum Schutz von Kindern und Jugendlichen vor Gefahren für ihr Wohl richtet sich an die Jugendhilfe insgesamt. Damit wird nicht nur der öffentliche Jugendhilfeträger angesprochen, sondern auch der freie Jugendhilfeträger, allerdings muss hierbei berücksichtigt werden, dass sich diese Zielbestimmung für freie Jugendhilfeträger erst aus den auf § 8a Abs. 2 SGB VIII folgenden Verträgen bzw. Vereinbarungen ergibt. Im Rahmen der Gesamtverantwortung des öffentlichen Kinder- und Jugendhilfeträgers (§ 79 SGB VIII) ist es primäre Aufgabe, bei freien Trägern hinzuwirken, dass der Schutzauftrag sichergestellt wird. Instrument hierfür ist die öffentlich-rechtliche Vereinbarung zwischen öffentlichen und freien Trägern der Jugendhilfe, wie sie in § 8a Abs. 2 SGB VIII für den öffentlichen Träger vorgeschrieben wird. Die Rechtsform der Vereinbarung bildet die Grundlage dafür, dass die unterschiedlichen Anforderungen und Interessen träger- und aufgabenbezogen aufeinander abgestimmt werden. Ziel ist, den Schutzauftrag im Angebotsspektrum der Jugendhilfe insgesamt zu implementieren und nachhaltig zu sichern (vgl. BATHKE 2007, S. 40).
In dieser vertraglichen Regelung zwischen Jugendamt und den Leistungserbringern wird die Übernahme von Schutzpflichten durch die Leistungserbringer vereinbart. Der gesetzlich geregelte Schutzauftrag durch § 8a SGB VIII erfährt damit eine Verlängerung auf die Leistungserbringer (vgl. WIESNER 2007, S. 18). Allerdings sollte dabei die inhaltliche, verfahrensmäßige und organisatorische Selbständigkeit der freien Jugendhilfe durch den öffentlichen Jugendhilfeträger besondere Beachtung finden, wie sie in § 4 Abs. 1 SGB VIII vorgesehen ist (vgl. MÜNDER u. a. 2006, § 4, Rz. 6).

§ 8a Abs. 2 SGB VIII erfasst Träger von Einrichtungen und Diensten, die Leistungen nach dem SGB VIII der Kinder- und Jugendhilfe erbringen. Diese Einrichtungen und Dienste erbringen folgende Leistungen:

- Leistungen für Betreuung und Unterkunft in sozialpädagogisch begleiteten Wohnformen
- Leistungen in gemeinsamen Wohnformen für Mütter/Väter und Kinder
- Leistungen zur Unterstützung bei notwendiger Unterbringung des Kindes oder Jugendlichen zur Erfüllung der Schulpflicht
- Hilfen zur Erziehung
- Eingliederungshilfe für seelisch behinderte Kinder und Jugendliche
- Hilfen für junge Volljährige
- Leistungen zum Unterhalt
- Jugendsozialarbeit
- erzieherischen Kinder- und Jugendschutz
- allgemeine Förderung der Erziehung in der Familie
- Beratung in Fragen der Partnerschaft, Trennung und Scheidung
- Leistungen für Kinder in Tageseinrichtungen und der Tagespflege

Maßgeblich für alle Leistungen der Dienste und Einrichtungen ist, dass sie durch Fachkräfte nach § 72 SGB VIII erbracht werden.
Nach § 72 Abs. 1 SGB VIII sind Fachkräfte nur Personen, die eine ihrer jeweiligen Aufgabe entsprechende Ausbildung erhalten und abgeschlossen haben (vgl. MÜNDER u. a. 2006, § 72, Rz. 5). Bei der Verpflichtung von Fachkräften zur Wahrnehmung des Schutzauftrages spielt keine Rolle, ob diese in einer Festanstellung, auf Honorarbasis oder ehrenamtlich tätig sind. Ausgenommen sind Laien, d. h. Personen ohne Ausbildungsabschluss bzw. sich noch in der Ausbildung befindende Personen (vgl. MÜNDER u. a. 2006, § 8a, Rz. 29).
Im Umkehrschluss werden durch § 8a Abs. 2 SGB VIII die Leistungserbringer ausgegrenzt, die weder Einrichtungscharakter haben oder einen Dienst darstellen. Zu diesen Leistungserbringern gehören z. B. Pflegeverhältnisse nach § 33 SGB VIII. Dennoch kann auch in diesen Bereichen die gesetzliche Regelung des Schutzauftrages umgesetzt werden. Auch wenn mit privaten Pflegepersonen keine Vereinbarung nach § 8a Abs. 2 SGB VIII abgeschlossen werden kann, gelten die gesetzlichen Normvorgaben für die Vermittlungsstellen (Pflegekinderdienst). Ist dieser an freie Träger delegiert, ist mit diesem eine entsprechende Vereinbarung abzu-

schließen, dass über Verträge mit Pflegepersonen und durch Beratung und Kontrolle die Sicherstellung des Schutzauftrages gewährleistet ist. Besondere Probleme ergeben sich bei selbständigen Einzelpersonen, die Hilfen anbieten. Bei ihnen stellt sich in Hinsicht auf eine abzuschließende Vereinbarung die relevante Frage, ob sie als Fachkraft im Sinne des § 72 SGB VIII zu betrachten sind. Grundsätzlich ist eine Vereinbarung mit ihnen möglich und auch geboten. Dennoch ist vor Leistungsvergabe besonders zu prüfen, ob die selbständige Einzelperson die Normvorgabe einhalten und umsetzen kann (vgl. THEIßEN 2006, S. 8). Von § 8a Abs. 2 SGB VIII werden ebenso auch Jugendinitiativen nicht erfasst, wenn dort weder ehrenamtlich noch gegen Bezahlung angestellte Fachkräfte tätig sind (vgl. MÜNDER u. a. 2006, § 8a, Rz. 27).
In Abgrenzung zum öffentlichen Jugendhilfeträger richtet sich im Bereich der freien Kinder- und Jugendhilfe der in § 8a SGB VIII geregelte Schutzauftrag zunächst und unmittelbar nur auf den Personenkreis von Kindern und Jugendlichen, die von einer Einrichtung und einem Dienst betreut werden bzw. dessen Leistungen in Anspruch nehmen (vgl. JORDAN 2007, S. 27). Aber dennoch kann von den dort tätigen Fachkräften erwartet werden, dass sie auch dann aktiv werden, wenn ihnen andere Fälle von offenkundiger Kindeswohlgefährdung bekannt werden (vgl. WIESNER 2008, S. 147).
Ziel des § 8a SGB VIII ist die Verbesserung des Schutzes von Kindern und Jugendlichen bei Gefahren für ihr Wohl. Hierbei geht es vor allem auch um die intensive Auseinandersetzung und Entwicklung von fachlichen Standards in der Kinder- und Jugendhilfe und um die Vernetzung örtlicher Hilfestrukturen im Leistungskontext des SGB VIII (vgl. BATHKE 2007, S. 42 f.).

### 3.2.1 Vereinbarungen mit freien Trägern

Die in § 8a Abs. 2 SGB VIII normierte Verpflichtung des Jugendamtes zum Abschluss von Vereinbarungen mit freien Trägern nimmt diese stärker und konkreter in die Verantwortung zur Abwendung von Kindeswohlgefährdung als bisher. Dadurch erfährt der Schutzauftrag eine Verlängerung mittels der Vereinbarung auf die Leistungserbringer (vgl. WIESNER 2007, S. 17; SCHONE 2007, S. 111).

Auch wenn sich der gesetzliche Auftrag des § 1 Abs. 3 Nr. 3 SGB VIII, Kinder und Jugendliche vor Gefahren für ihr Wohl zu schützen, an alle Akteure richtet, die im Bereich der Kinder- und Jugendhilfe tätig sind, kann durch § 8a SGB VIII lediglich der öffentliche Träger der Jugendhilfe unmittelbar verpflichtet werden, nicht jedoch die freien Träger. Diese sind durch öffentlich-rechtliche Vereinbarungen zur Wahrnehmung des Schutzauftrages in entsprechender Weise zu verpflichten (vgl. KRÜGER 2007, S. 398). Unabhängig von einem öffentlich-rechtlichen Vertrag entfaltet aber auch die privatrechtliche Vereinbarung der Einrichtung oder des Dienstes mit den Eltern eine Schutzwirkung zugunsten des Kindes oder Jugendlichen (vgl. KUNKEL 2008, S. 54). Trotz der sich aus § 8a ergebenden Verpflichtung zum Abschluss von Vereinbarungen ergibt sich daraus keine Weisungsbefugnis des öffentlichen Trägers gegenüber dem freien Träger. Dieser erhält seine Verpflichtungen aus Verträgen und Vereinbarungen. Nach § 4 Abs. 1 SGB VIII hat die öffentliche Jugendhilfe trotz partnerschaftlicher Zusammenarbeit die Selbständigkeit der freien Jugendhilfe zu achten. Methoden und Verfahren zur Risikoabschätzung können nicht vorgeschrieben werden, allerdings hat der freie Träger deutlich und nachprüfbar zu machen, auf welche Weise er den Schutzauftrag wahrnimmt (vgl. THEIßEN 2006, S. 11 f.). Inhaltlich muss die Vereinbarung deshalb auf die Verwirklichung des Schutzauftrages, wie er in § 8a Abs. 1 SGB VIII beschrieben wird, ausgerichtet sein. Daraus resultiert, dass die Gefährdungsabschätzung selbständig durch eine eigene Fachkraft des freien Trägers im Zusammenwirken mit anderen Fachkräften vorzunehmen ist. Dies geschieht durch das Hinzuziehen einer insoweit erfahrenen Fachkraft, die ggf. auch von außen (trägerfremde Fachkräfte) kommen kann. Weiter ist in der Vereinbarung zu klären, auf wessen Kosten trägerfremde Fachkräfte zur Abschätzung des Gefährdungsrisikos mitwirken. Mangels gesetzlicher Regelung empfiehlt sich im Sachbereich der Schutzverwirklichung durch Leistungen eine Orientierung an den Kostenregelungen im sozialrechtlichen Dreiecksverhältnis (vgl. KUNKEL 2006, § 8a, Rz. 44, 49).

Der Inhalt der abzuschließenden Vereinbarung ist durch die Formulierung „insbesondere" (§ 8a Abs. 2 Satz 2 SGB VIII) nicht abschließend geregelt, soll aber zumindest enthalten, dass die Wahrnehmung des Schutzauftrages in entsprechender Weise zu erfolgen hat, auf eine Inanspruchnahme von Hilfen durch die Eltern hinzuwirken ist und Regelungen zur Informati-

onsweitergabe an das Jugendamt getroffen werden (siehe Punkt 3.2.2 Handlungsablauf zum Schutzauftrag bei freien Trägern). Weiterhin empfiehlt sich zu regeln, wie die Hinzuziehung einer insoweit erfahrenen Fachkraft zu erfolgen hat und wer die Kosten dafür übernimmt. Dies könnte bspw. über Fachleistungsstunden finanziert werden. Sollte innerhalb der Einrichtung eine Fachkraft für diese Tätigkeit weiterqualifiziert werden, so besteht zur Übernahme von Fortbildungskosten im Rahmen des § 74 Abs. 6 SGB VIII (Förderung der freien Jugendhilfe) ein Rechtsanspruch des freien Trägers (vgl. KUNKEL 2008, S. 54).
Anknüpfend an das Aufgabenprofil der jeweiligen Dienste und Einrichtungen, sollte bei der vertraglichen Ausgestaltung neben Konzeption, Aufgabenstellung, fachliche und institutionelle Ziele auch das Alter der betreuten Kinder und Jugendlichen sowie das generelle Gefährdungsrisiko berücksichtigt werden (vgl. MÜNDER u. a. 2007, Kap. 2.3, Rz. 38).
Adressaten der Vereinbarung sind Träger von Einrichtungen und Diensten, die Leistungen nach SGB VIII erbringen und Fachkräfte beschäftigen. Dies sind nicht nur gemeinnützige bzw. anerkannt freie Träger der Jugendhilfe, sondern auch privat-gewerbliche Anbieter von Leistungen der Kinder- und Jugendhilfe. Einrichtungen und Dienste in öffentlicher Trägerschaft fallen nicht unter § 8a Abs. 2 SGB VIII, da sie unmittelbar aus Abs. 1 zur Wahrnehmung des gesetzlichen Schutzauftrages verpflichtet sind (vgl. KRÜGER 2007, S. 399 f.). Grundsätzlich ist der freie Träger der Kinder- und Jugendhilfe in der Handhabung frei, auf welche Weise der Schutzauftrag nach § 8a SGB VIII wahrgenommen wird, d. h. zu vereinbaren ist nur, dass der Schutzauftrag wahrgenommen wird und nicht die präzise Art, wie dies zu geschehen hat. Dies ist vom Funktionsschutz des eigenen Betätigungsrechts der freien Träger gedeckt (vgl. WERNER 2007, S. 143).
Nach BATHKE (2007, S. 43 ff.) sind die Vereinbarungen nach § 8a Abs. 2 SGB VIII als Basis der Kooperation zwischen den verschiedenen Akteuren der Kinder- und Jugendhilfe zu verstehen, wobei sich der öffentliche und freie Träger als gleichberechtigte Kooperationspartner auf Augenhöhe begegnen und dabei sowohl Kenntnis von als auch Respekt vor den fachlichen Aufgabenstellungen und Entscheidungen des anderen haben, die auf einer gegenseitigen fachlichen Wertschätzung gründen sollten. Die in den Vereinbarungen festgelegten Standards und Verfahrensabläufe sollten das Ergebnis eines gemeinsamen Aushandlungsprozesses

darstellen. Die Entwicklung eines gemeinsamen Leitbildes zum Thema Kinderschutz ist daher von Bedeutung sowie Transparenz in Bezug auf beteiligte Personen, Auftrag, Arbeitsweisen, Ressourcen und Grenzen. Gemeinsame Qualifizierungsangebote für Fachkräfte des öffentlichen und freien Trägers können zu einer partnerschaftlichen Kooperation und Entwicklung eines gemeinsamen Leitbildes beitragen.

Da im Rahmen des § 8a SGB VIII Vereinbarungen mit Trägern abgeschlossen werden sollen, die den gesamten Leistungsbereich der Kinder- und Jugendhilfe des zweiten Kapitels des SGB VIII abdecken, ist es nach MÜNDER (2007, S. 55) sinnvoll, eine allgemeine Generalvereinbarung im Sinne einer Rahmenvereinbarung sowie eine bereichsspezifische Hilfevereinbarung abzuschließen. In der bereichsspezifischen Vereinbarung besteht dann die Möglichkeit, konkret die Aspekte aufzunehmen, die für die einzelnen, unterschiedlichen Arbeitsfelder der Kinder- und Jugendhilfe relevant sind.

In § 8a SGB VIII wird keine Aussage getroffen, wo und an welcher Stelle die entsprechende Vereinbarung zu treffen ist. Daher gibt es verschiedene rechtliche Möglichkeiten der Vereinbarungsabschließung. So wäre es z. B. denkbar, die Vereinbarung im Sinne des § 8a SGB VIII an Vereinbarungen anzugliedern, die nach § 78a ff. SGB VIII (Anwendungsbereich zu Vereinbarungen über Leistungsangebote, Entgelte und Qualitätsentwicklung) abgeschlossen werden. Bestehen keine Vereinbarungen nach § 78a SGB VIII könnten die kinderschutzrechtlichen Vereinbarungen an Vereinbarungen auf der Basis des § 77 SGB VIII (Vereinbarungen über die Höhe von Kosten) integriert werden. Findet die Finanzierung der Leistungserbringer über Zuwendungen nach § 74 SGB VIII (Förderung der freien Jugendhilfe) statt, könnten im Rahmen der Zuwendungen entsprechende Vereinbarungen geschlossen werden, die dann empfehlenswert als zweiseitige öffentlich-rechtliche Vereinbarung anstatt eines einseitigen Verwaltungsaktes erfolgen.

Grundsätzlich möglich ist aber auch der Abschluss einer Vereinbarung nach § 8a SGB VIII losgelöst von den oben beschriebenen Möglichkeiten, insbesondere wenn es sich um eine hilfespezifische Vereinbarung handelt (vgl. MÜNDER 2007, S. 53).

Der freie Träger ist nicht Adressat der Bestimmungen des Sozialdatenschutzes, sondern unterliegt lediglich dem allgemeinen Datenschutzrecht. Der öffentliche Träger hat gemäß § 61 Abs. 3 SGB VIII sicherzustellen, dass der Schutz personenbezogener Daten in entsprechender Weise gewährleistet ist, wie es das SGB VIII den öffentlichen Trägern aufgibt. Dieser Aspekt ist also des Weiteren in den Vereinbarungen mit freien Trägern aufzunehmen (vgl. WERNER 2007, S. 144).

### 3.2.2 Handlungsablauf zum Schutzauftrag bei freien Trägern

Nach THEIßEN (2006, S. 24 f.) kann folgende Empfehlung zur konkreten Gestaltung des Verfahrens bei freien Trägern gemacht werden: Interne Verfahrensanweisungen oder Dienstanweisungen sollten verbindlich regeln, wie sich die internen Fachkräfte bei Verdacht auf Kindeswohlgefährdung zu verhalten haben. Grundsätzlich ist festzuhalten, dass diejenige Fachkraft zuständig ist, die Kenntnisse über eine mögliche Gefährdung erhalten hat. Die Leitung ist über die Gefährdung umgehend zu informieren, um mit ihrer Unterstützung weitere Vorgehensschritte abzustimmen. Unterschieden werden muss, ob unbegründete oder begründete Anhaltspunkte vorliegen. Beim Ersten ergeben sich keine weiteren Schritte, beim Zweiten ist abhängig von der Dringlichkeit möglichst zeitnah eine gemeinsame Risikoabschätzung im Fachteam und/oder mit einer insoweit erfahrenen Fachkraft durchzuführen. Werden die Anhaltspunkte bestätigt, ergeben sich daraus weitere Prüfaufgaben und Vorgehensweisen nach gesetzlichen Bestimmungen. Kann der Gefährdung durch trägerinterne Ressourcen begegnet werden, sind die eigenen Hilfezugänge und Angebote zu nutzen. An dieser Stelle sind die Eltern zu beteiligen und ein eindeutiger Schutzplan zu vereinbaren, der klar, verbindlich und genau zeitlich terminierte Handlungspflichten und Verantwortlichkeiten benennt. Reichen die trägerinternen Hilfen nicht aus, ist das Jugendamt zu informieren. Eine Information an das Jugendamt hat auch zu erfolgen, wenn die Eltern nicht mitwirken. Kann der Gefährdung nicht durch trägerinterne Maßnahmen begegnet werden, ist bei den Eltern auf die Annahme von weiterführenden Hilfen hinzuwirken. In Fällen, in denen sofortige Schutzmaßnahmen angezeigt sind, ist das Jugendamt unverzüglich zu informieren, um der akuten Gefahr entgegenzuwirken. Bestätigen sich vorläufig die Anhaltspunkte in der Risikobewertung nicht, ist das Kind weiterhin intensiv zu beobachten.

### Hinzuziehen einer erfahrenen Fachkraft zur Gefährdungsabschätzung

Die Vereinbarung mit den freien Trägern sieht vor, dass bei der Gefährdungsabschätzung eine insoweit erfahrene Fachkraft hinzuzuziehen ist. Eine erfahrene Fachkraft muss sich durch berufliche Ausbildung und Erfahrungen auszeichnen. Jeder Leistungserbringer in der freien Kinder- und Jugendhilfe muss überprüfen, ob in seiner Organisation eine entsprechende Fachkraft vorhanden ist und entsprechende Regularien festlegen, mit der die Verfügbarkeit und Abrufbarkeit dieser Fachkraft gewährleistet werden kann. Ist in der eigenen Einrichtung oder Dienststelle keine geeignete Fachkraft vorhanden, hat der Leistungserbringer dafür zu sorgen, dass auf regionaler Ebene eine externe Fachkraft hinzugezogen werden kann (vgl. JORDAN 2007, S. 35).

Der Wortlaut des Gesetzes schließt das Hinzuziehen einer sozialpädagogischen Fachkraft des Jugendamtes als insoweit erfahrene Fachkraft nicht aus. Allerdings widerspricht diese Art der Vorgehensweise dem eigentlichen Zweck der Vorschrift, dass Einrichtungen und Dienste zunächst in eigener Kompetenz eine Risikoabschätzung vorzunehmen haben und das Jugendamt erst dann einzuschalten ist, wenn Eltern nicht kooperieren oder angebotene Hilfen nicht ausreichen. Außerdem ist die Fachkraft des Jugendamtes bei einer Hinzuziehung in einem konkreten Verdachtsfall unmittelbar selbst nach § 8a Abs. 1 SGB VIII verpflichtet, in eigenem Auftrag tätig zu werden und die Fallverantwortung zu übernehmen (vgl. KRÜGER 2007, S. 400).

### Beteiligung von Eltern, Kindern und Jugendlichen

Durch die abzuschließenden Vereinbarungen mit freien Trägern von Einrichtungen und Diensten soll sichergestellt werden, dass durch diese der Schutzauftrag *in entsprechender Weise* nach § 8a Abs. 1 SGB VIII wahrgenommen wird. Daraus ergibt sich, dass die Eltern bzw. Kinder und Jugendlichen an der Risikoabschätzung zu beteiligen sind, auch wenn dies in Abs. 2 nicht explizit genannt wird. Eine Ausnahme von dieser Regelung ist dann gegeben, wenn durch die Beteiligung der wirksame Schutz in Frage gestellt und evtl. sogar dadurch vereitelt wird. Eine ausführlichere Beschreibung der Pflicht zur Einbeziehung der Eltern, Kinder und/oder Jugendlichen wurde bereits in Punkt 3.1.2 (Gewichtige Anhaltspunkte und

Risikobewertung) vorgenommen, die auf die freien Träger analog Anwendung findet.

### Anbahnung von Inanspruchnahme von Hilfen

In der Vereinbarung mit freien Trägern zur Wahrnehmung des Schutzauftrages ist insbesondere mit aufzunehmen, dass die Fachkräfte in Einrichtungen und Diensten der freien Jugendhilfe verpflichtet sind, bei Eltern auf die Inanspruchnahme von Hilfen hinzuwirken, wenn sie diese für erforderlich halten (§ 8a Abs. 2 Satz 2 SGB VIII). Bei der gemeinsamen Risikoabschätzung und der Planung von Hilfeperspektiven mit den Eltern sowie dem Kind oder der/dem Jugendlichen, sollen die Fachkräfte nicht bei den eigenen Hilfeangeboten und -möglichkeiten stehen bleiben, sondern auch andere Hilfemöglichkeiten bedenken und anregen. Das Hinwirken auf Inanspruchnahme von Hilfen kann u. a. bedeuten, bestehende Vorurteile gegen das Jugendamt abzubauen und den Gang zum Jugendamt zu unterstützen, wenn es um Hilfen geht, die durch das Jugendamt gewährt werden (vgl. WERNER 2007, S. 141). In diesem Sinne ist § 8a Abs. 2 Satz 2 SGB VIII auch als ein Leitfaden zur Verbesserung der Kooperation zwischen Trägern der öffentlichen und freien Jugendhilfe zu verstehen (vgl. MÜNDER u. a. 2006, § 8a, Rz. 34).

### Information an das Jugendamt

Der § 8a SGB VIII suggeriert eine indirekte Mitteilungspflicht der freien Träger an das Jugendamt. Diese besteht aber erst dann, wenn fünf Voraussetzungen erfüllt sind: Gewichtige Anhaltspunkte müssen bei einer Fachkraft bekannt geworden sein, diese müssen mit einer insoweit erfahrenen Fachkraft in einer ersten Gefährdungseinschätzung bewertet worden sein, diese Bewertung muss mit den Eltern und dem Kind bzw. der/dem Jugendlichen besprochen und auf die Inanspruchnahme von entsprechenden Hilfen hingewirkt worden sein. In einer zweiten Risikoabschätzung muss sich anschließend ergeben haben, dass die eigenen Hilfsangebote bzw. weitere in Anspruch genommene Hilfen nicht ausreichen, die Gefährdung abzuwenden (vgl. MEYSEN 2008, S. 28). Eine Information an das Jugendamt soll ferner erst dann erfolgen, wenn Eltern nicht bereit sind, Hilfen anzunehmen. Ist der Versuch gescheitert, dass Eltern für die Inanspruchnahme von Hilfen gewonnen werden können, ist

die Einrichtung oder der Dienst verpflichtet, das Jugendamt zu informieren (vgl. WIESNER 2007, S. 18).
Zusammenfassend kann gesagt werden, dass eine Information an das Jugendamt erst zu erfolgen hat, wenn Eltern die Hilfe nicht annehmen, angenommene Hilfen nicht ausreichen oder Eltern nicht mitwirken (vgl. KUNKEL 2008, S. 54).
Für Fachkräfte der Einrichtungen und Dienste besteht außerdem eine Informationsverpflichtung an das Jugendamt, wenn sie die Abschätzung des Gefährdungsrisikos nicht in der gebotenen Weise vornehmen können (vgl. KUNKEL 2006, § 8a, Rz. 47).

## 3.3 Schule

Die Schule stellt neben der Familie einen wesentlichen Sozialisationsraum für Kinder und Jugendliche dar, der einem eigenständigen Bildungs- und Erziehungsauftrag folgt. Schule als Institution erreicht bis auf wenige Ausnahmen alle Kinder und Jugendlichen. Dadurch stellt die Schule einen wesentlichen Kooperationspartner für die Jugendhilfe dar. Veränderte Bedingungen in Schulen, bspw. durch immer größer werdende Klassen, zunehmende Gewaltbereitschaft von Kindern und Jugendlichen, aber auch die Zunahme von Unruhe und Konzentrationsschwächen, erfordern ein Aufeinander-Zugehen von Jugendhilfe und Schule. Die Schule kann die präventive Funktion eines Frühwarnsystems erfüllen, so dass bei Bedarf frühzeitig niedrigschwellige, ambulante Hilfen eingesetzt werden können (vgl. KUNKEL 2006, § 81, Rz. 3), nicht zuletzt auch in Hinsicht auf eine drohende oder bereits eingetretene Kindeswohlgefährdung.
Gesetzliche Regelungen zum Schulwesen, wie sie bspw. auch in Hinsicht auf Kindeswohlgefährdung bzw. einer Kooperation mit der öffentlichen Jugendhilfe relevant sein können, unterliegen der gesetzgeberischen Kompetenz der einzelnen Länder. Dies ergibt sich aus Art. 70 GG, der die Gesetzgebungszuständigkeit zwischen Bund und Ländern regelt. Folglich haben die Länder stets dann das Recht zur eigenen Gesetzgebung, wenn dem Bund nicht Gesetzgebungsbefugnisse verliehen sind. Der Bund verfügt nur über die ihm ausdrücklich durch das GG verliehenen Sachgebiete die Kompetenz zur Gesetzgebung, alle unbenannten Gebiete unterliegen der Zuständigkeit der Länder (vgl. SCHMIDT-BLEIBTREU u. a.

2008, Art. 70, Rz. 1 f.). Die einzelnen Landeskompetenzen lassen sich aus dem GG ableiten, unmittelbar durch ausdrückliche Herausnahme aus einem der Kataloge nach Art. 73 und 74 GG bzw. mittelbar durch ersatzlose Streichung aus einem dieser Kataloge (vgl. SCHMIDT-BLEIBTREU u. a. 2008, Art. 70, Rz. 20). Art. 73 GG nennt die ausschließliche Gesetzgebungskompetenz des Bundes, Art. 74 GG die Gegenstände der konkurrierenden Gesetzgebung des Bundes und der Länder. Da weder in Art. 73 noch in Art. 74 GG Regelungen zum Schulwesen erwähnt sind, kann aus dem Umkehrschluss dieser beiden Artikel geschlossen werden, dass die Kompetenz der Länder im Bereich der Gesetzgebung in eigener Zuständigkeit liegt. Für die einzelnen Bundesländer besteht keine Pflicht zur einheitlichen Regelung der zu ihren Gesetzgebungskompetenzen gehörenden Bereiche (vgl. SCHMIDT-BLEIBTREU u. a. 2008, Art. 70, Rz. 14). Die einzelnen Schulgesetze der Länder unterscheiden sich zum Teil erheblich in ihrem Regelungsgehalt bezüglich der Kooperation mit der (öffentlichen und freien) Jugendhilfe oder in Bezug auf Kindeswohlgefährdung.
In einigen Bundesländern sind explizite Regelungen zum Schutzauftrag in das Schulgesetz aufgenommen worden, wie z. B. in Bayern, Brandenburg und Nordrhein-Westfalen.

- Art. 31 Abs. 1 Bayerisches Gesetz über das Erziehungs- und Unterrichtswesen (BayEUG):
  „Die Schulen arbeiten in Erfüllung ihrer Aufgaben mit den Jugendämtern und den Trägern der freien Jugendhilfe sowie anderen Trägern und Einrichtungen der außerschulischen Bildung zusammen. Sie sollen das zuständige Jugendamt unterrichten, wenn Tatsachen bekannt werden, die darauf schließen lassen, dass das Wohl einer Schülerin oder eines Schülers ernsthaft gefährdet oder beeinträchtigt ist und deshalb Maßnahmen der Jugendhilfe notwendig sind.“

- § 4 Abs. 3 Schulgesetz Brandenburg:
  „Die Schule ist zum Schutz der seelischen und körperlichen Unversehrtheit, der geistigen Freiheit und der Entfaltungsmöglichkeiten der Schülerinnen und Schüler verpflichtet. Die Sorge für das Wohl der Schülerinnen und Schüler erfordert auch, jedem Anhaltspunkt für Vernachlässigung oder Misshandlung nachzugehen. Die

Schule entscheidet rechtzeitig über die Einbeziehung des Jugendamtes oder anderen Stellen."

- § 42 Abs. 6 Schulgesetz Nordrhein-Westfalen:
  „Die Sorge für das Wohl der Schülerinnen und Schüler erfordert, jedem Anschein von Vernachlässigung oder Misshandlung nachzugehen. Die Schule entscheidet rechtzeitig über die Einbeziehung des Jugendamtes."

Andere Bundesländer benennen hierzu keine ausdrückliche Regelung, wie z. B. in Niedersachsen. Aufgrund der Vielfalt der unterschiedlichen Ausgestaltungen der Schulgesetze wird im Folgenden auf das Niedersächsische Schulgesetz (NSchG) Bezug genommen.
Im Niedersächsischen Schulgesetz ist lediglich eine Regelung zu Kooperationsbestrebungen mit der Jugendhilfe erfasst, die allerdings nur auf abstrakter Ebene eine Zusammenarbeit benennt:

- § 25 Abs. 3 NSchG:
  „Schulen arbeiten mit Trägern der öffentlichen und freien Jugendhilfe sowie anderen Stellen und öffentlichen Einrichtungen, deren Tätigkeit sich wesentlich auf die Lebenssituation junger Menschen auswirkt, im Rahmen ihrer Aufgaben zusammen."

Damit wird in fast identischer Form der in § 81 SGB VIII benannte Auftrag der Jugendhilfe wiedergegeben, mit anderen Stellen und öffentlichen Einrichtungen zusammenzuarbeiten.
Die Zurückhaltung der Schulgesetze in Bezug auf den Umgang mit Kindeswohlgefährdung lässt sich in Anbetracht der Tatsache, dass Kinder und Jugendliche sich einen nicht unwesentlichen Anteil ihrer Zeit in der Schule aufhalten, nur mit der schulischen Tradition der Ausrichtung auf den Bildungsauftrag und die Wissensvermittlung erklären (vgl. MEYSEN 2008, S. 43).

### 3.3.1 Schutzauftrag der Schule in Niedersachsen

Das NSchG enthält keine explizite Normierung eines Schutzauftrages der Schulen in Hinsicht auf Kindeswohlgefährdung. Dennoch kann von einem Schutzauftrag ausgegangen werden. Für seine Herleitung stehen zwei Möglichkeiten zur Verfügung.

Zum einen kann er aus Art. 6 Abs. 2 Satz 2 GG abgeleitet werden. Danach wacht die staatliche Gemeinschaft über die Betätigungen der Eltern in ihrer Erziehungsverantwortung. Mit der staatlichen Gemeinschaft ist dabei nicht der Einzelne gemeint, sondern der Staat mit seinen Institutionen (vgl. WIESNER 2007, S. 13). Deshalb stellt auch die Schule nach Art. 6 Abs. 2 Satz 2 GG einen staatlichen Wächter dar, woraus sich die Pflicht zum Tätigwerden ableiten lässt. Da nur einige Schulgesetze eine entsprechende Konkretisierung enthalten, empfiehlt es sich von Seiten der öffentlichen Jugendhilfe, mit der Schule entsprechende Vereinbarungen abzuschließen (vgl. KUNKEL 2008, S. 55).

Zum anderen kann der Schutzauftrag aus dem Strafrecht (StGB) abgeleitet werden. Funktion des Strafrechtes ist der Schutz von Rechtsgütern, wobei unter Rechtsgüter die Lebensgüter, Sozialwerte und rechtlich anerkannte Interessen des Einzelnen oder der Allgemeinheit verstanden werden. Zu den Rechtsgütern von Einzelnen, den Individualrechtsgütern, gehören z. B. das Leben, die körperliche Unversehrtheit und die persönliche Freiheit (vgl. WESSELS u.a. 2007, § 1, Rz. 6 f.). Das Kindeswohl, welches aus den Grundrechten aus Art. 1 und 2 GG abzuleiten ist, zählt danach auch zu Individualrechtsgütern und bedarf eines besonderen Schutzes.

Für die strafrechtliche Herleitung des Schutzauftrages kommt § 13 StGB (Begehen durch Unterlassen) in Frage. Nach § 13 Abs. 1 StGB macht sich derjenige strafbar, der es unterlässt, einen tatbestandsmäßigen Erfolg abzuwenden, wenn sie/er rechtlich dafür einzustehen hat, dass der Erfolg nicht eintritt. Maßgeblich dafür ist, dass die oder der Unterlassende eine Garantenstellung innehat, aus der sich dann eine Garantenpflicht zum Tätigwerden ableiten lässt. Auf Entstehung und Inhalt von Garantenstellung bzw. -pflicht wird detailliert in Punkt 5.1 (Strafrechtliche Folgen) eingegangen.

Nach BRINGEWAT (2003, Rz. 475 f.) verbirgt sich hinter der Garantenstellung eine herausgehobene soziale Stellung, auf Grund derer eine besondere Verantwortung für den Nichteintritt eines tatbestandsmäßigen Erfolges besteht. Der in Betracht kommende Personenkreis wird durch eine allgemeine oder spezifische, bspw. berufliche, Rolle bestimmt. Eine faktische Garantenstellung ergibt sich daraus, als leibliche Mutter oder Vater zur Sorge um das Kind verpflichtet zu sein. Durch die berufliche Tätigkeit als Arzt, Lehrer oder Sozialarbeiter können in bestimmten berufsspezifischen Sachlagen Garantenstellungen erzeugt werden.

### 3.3.2 Handlungsebene der Schule

Aus der Garantenpflicht ergibt sich, dass durch die Schule und die Lehrkräfte alle geeigneten Maßnahmen ergriffen werden müssen, die für den Schutz von Kindern und Jugendlichen vor Gefahren für ihr Wohl geboten sind. Werden im Bereich der Schule Hinweise auf eine Kindeswohlgefährdung deutlich und können diese als gewichtig eingestuft werden, sieht in der Regel der einzuhaltende Dienstweg folgende Schritte vor: die Lehrkraft informiert die Schulleitung, die wiederum das Schulamt informiert. Ob das Verfahren von dieser Stelle aus durch Information an das Jugendamt weitergeht, ist nicht sicher und kann nur vermutet werden (vgl. PRESTIEN 2008, S. 60).
Darüber hinaus kann jede einzelne Lehrkraft noch folgende Handlungsmöglichkeiten einsetzen: Meldung an die Polizei, an das Jugendamt oder an das Familiengericht. Diese Handlungen können durch Arbeits- oder Dienstrecht nicht untersagt werden, wenn sie zum strafrechtlichen Eigenschutz notwendig sind.

#### Meldung an die Polizei

Wird bei einem dringenden Verdacht auf Kindeswohlgefährdung die Polizei eingeschaltet, sind die primären Aufgaben der Polizei im Zusammenhang mit Kindeswohlgefährdung die Gefahrenabwehr und die Strafverfolgung. Die konkrete Umsetzung dieser Aufgaben der Polizei wird in den Polizeigesetzen der Länder geregelt. In Niedersachsen sind die Regelungen im Niedersächsischen Gesetz über die öffentliche Sicherheit und Ordnung (Nds. SOG) zu finden. In Betracht kommen insbesondere die §§ 1 und 11 Nds. SOG.

- § 1 Abs. 1 und 2 Nds. SOG (Aufgabe der Verwaltungsbehörden und der Polizei):
  „(1) Die Verwaltungsbehörden und die Polizei haben gemeinsam die Aufgabe der Gefahrenabwehr. Sie treffen hierbei auch Vorbereitungen, um künftige Gefahren abwehren zu können. Die Polizei hat im Rahmen ihrer Aufgaben nach Satz 1 insbesondere auch Straftaten zu verhüten.
  (2) Die Polizei wird in den Fällen des Abs. 1 Satz 1 tätig, soweit die Gefahrenabwehr durch die Verwaltungsbehörden nicht oder nicht rechtzeitig möglich erscheint. Verwaltungsbehörden und Polizei unterrichten sich gegenseitig, soweit dies zur Gefahrenabwehr erforderlich ist.“

- § 11 Nds. SOG (Allgemeine Befugnisse):
  „Die Verwaltungsbehörden und die Polizei können die notwendigen Maßnahmen treffen, um eine Gefahr abzuwehren, soweit nicht die Vorschriften des dritten Teils die Befugnisse der Verwaltungsbehörden und der Polizei besonders regeln.“

Das Mittel der Gefahrenabwehr kommt immer in Situationen zum Einsatz, in denen im konkreten Fall mit hinreichender Wahrscheinlichkeit und in absehbarer Zeit ein Schaden z. B. an Leib, Leben oder Gesundheit des Kindes zu erwarten ist. Die Polizei ist dann verpflichtet, die Gefahr abzuwenden. Hierzu muss in Situationen mit und ohne akuten Handlungsbedarf unterschieden werden. Sind Maßnahmen zur Abwendung der Gefahr unaufschiebbar und ist ein sofortiges Eingreifen erforderlich, muss die Polizei eigenständig tätig werden. In der Regel handelt es sich hierbei meist um Fälle, die außerhalb der Erreichbarkeitszeit der Jugendämter bekannt werden. Besteht kein akuter Handlungsbedarf, leitet die Polizei ihre Erkenntnisse an das Jugendamt weiter. Dieses hat dann im Rahmen des gesetzlichen Auftrags nach § 8a SGB VIII tätig zu werden (vgl. GERBER 2006, Kap. 36, 1 f.). Die Weiterleitung der Daten an das Jugendamt erfolgt in Niedersachsen auf der Grundlage von § 41 des Nds. SOG:

- § 41 Nds. SOG (Datenübermittlung zwischen Verwaltungs- und Polizeibehörden):
  „Die Verwaltungs- und Polizeibehörden können untereinander personenbezogene Daten übermitteln, wenn die Übermittlung zur Erfüllung der Aufgabe der Gefahrenabwehr erforderlich ist. Dies gilt auch für die Datenübermittlung an die Polizei und sonstige Behörden der Gefahrenabwehr anderer Länder und des Bundes."

Wird die Polizei eingeschaltet, ist zu bedenken, dass sie immer dann zur Strafverfolgung verpflichtet ist, sobald sie Kenntnisse einer Straftat erlangt (vgl. GERBER 2006, Kap. 36, 3). Dies ergibt sich aus § 163 Abs. 1 Strafprozessordnung (StPO):

> „Die Behörden und Beamten des Polizeidienstes haben Straftaten zu erforschen und alle keinen Aufschub gestattenden Anordnungen zu treffen, um die Verdunklung der Sache zu verhüten. Zu diesem Zweck sind sie befugt, alle Behörden um Auskunft zu ersuchen, bei Gefahr in Verzug auch, die Auskunft zu verlangen sowie Ermittlungen jeder Art vorzunehmen, soweit nicht andere gesetzliche Vorschriften ihre Befugnisse besonders regeln."

Zu bedenken ist, dass durch die Strafverfolgungspflicht u. U. der Hilfezugang zu den Betroffenen gefährdet werden kann.

**Meldung an das Jugendamt**

Durch eine Meldung an das Jugendamt wird das Verfahren nach § 8a SGB VIII ausgelöst. Dieses beginnt immer dann, wenn das Jugendamt gewichtige Anhaltspunkte entweder durch die Betroffenen selbst (Kinder, Jugendliche oder deren Eltern) oder durch Dritte erhält, die ein Tätigwerden im Sinne des Schutzauftrages erforderlich machen. Wie bereits unter 3.1 (Öffentliche Jugendhilfe) ausführlich erläutert, hat das Jugendamt unter Zusammenwirken mehrerer Fachkräfte das Gefährdungsrisiko einzuschätzen, wobei die Kinder und Jugendlichen sowie deren Eltern zu beteiligen sind. Den Eltern sind geeignete und notwendige Hilfen zur Abwendung der Gefährdung anzubieten und zu gewähren. Immer dann, wenn das Jugendamt das Tätigwerden des Familiengerichts zur Abwendung der Gefährdung für erforderlich hält, ist dieses einzuschalten. Wie bereits erläutert kann es u. U. auch erforderlich sein, das Kind oder den Jugendlichen in Obhut zu nehmen, bevor eine Entscheidung des Gerichts abgewartet werden kann.

**Meldung an das Familiengericht**

Jede Person *kann* sich bei Verdacht auf das Vorliegen einer Kindeswohlgefährdung direkt an das Familiengericht wenden. Lediglich das Jugendamt *muss* dies tun, wenn es das Tätigwerden des Familiengerichts erforderlich hält (§ 8a Abs. 3 SGB VIII). Allerdings ist die Meldung an das Familiengericht lediglich als Anregung zu verstehen, sie gilt nicht als förmlicher Antrag. Nach § 12 FGG wird durch die Meldung das Ermittlungsverfahren von Amts wegen seitens des Gerichts ausgelöst, das nun alles zur Feststellung der erforderlichen Ermittlungen vorzunehmen und die geeigneten Beweise aufzunehmen hat, die zur Aufklärung des Verdachts auf Kindeswohlgefährdung dienlich sind. Eine Verbindung zum öffentlichen Jugendhilfeträger ist in diesem Fall durch die §§ 49, 49a FGG gegeben. Das heißt, dass das Familiengericht vor Entscheidungen, die die Gefährdung des Kindeswohls betreffen (§ 49a Abs. 1 Nr. 8 FGG) das Jugendamt anzuhören hat. Das Jugendamt wiederum ist nach § 50 SGB VIII zur Mitwirkung im gerichtlichen Verfahren verpflichtet und hat als Fachbehörde an der Aufklärung mitzuwirken.
Zur eigenen Absicherung der Lehrkraft empfiehlt es sich, parallel sowohl das Jugendamt als auch das Familiengericht einzuschalten.

Die Meldungsbefugnisse der Schule bzw. der einzelnen Lehrkraft können zum einen aus dem Spannungsverhältnis von § 203 StGB (Verletzung von Privatgeheimnissen) und § 34 StGB (Rechtfertigender Notstand) und zum anderen aus dem Niedersächsischen Datenschutzgesetz (NDSG) abgeleitet werden. Sowohl auf die strafrechtlichen als auch auf die verwaltungsrechtlichen Datenschutzbestimmungen wird detaillierter in Punkt 4 (Datenschutz) eingegangen.

## 3.4 Ärztinnen und Ärzte

Insbesondere bei Kindern, die im Vorschulalter nicht in einer Einrichtung, sondern ausschließlich zu Hause betreut werden, ist die Gefahr groß, dass bei ihnen eine Kindeswohlgefährdung nicht auffällt, da sie außer zu

den Bezugspersonen im engeren familiären Umfeld kaum Kontakt zu anderen Personen haben. Daher stellt die medizinische Versorgung in der Gesundheitshilfe, besonders durch niedergelassene Kinder- und Hausärztinnen und -ärzte, einen möglichen Zugang zu diesen Familien dar, eine Kindeswohlgefährdung aufzudecken und durch angebotene Hilfen abzuwenden.
Es ist ein vordringliches Interesse, werdende Eltern und Familien in schwierigen Lebenssituationen möglichst frühzeitig zu erreichen und ihnen die erforderlichen Hilfen anbieten zu können. In der Regel haben Familien mit kleinen Kindern regelmäßig Zugang zur Gesundheitshilfe, wenn die vorgesehenen Vorsorgeuntersuchungen eingehalten werden oder bei einem Notfall bzw. einer Erkrankung eine Ärztin oder ein Arzt aufgesucht wird. Werden in Arztpraxen oder Kliniken Hinweise auf eine Kindeswohlgefährdung deutlich, könnte durch eine frühzeitige Vernetzung von Hilfesystemen und der Information des Jugendamtes der Hilfebedarf der Familien gedeckt werden, indem Leistungen der Jugendhilfe gewährt werden. Auch wenn § 8a SGB VIII nicht auf den Bereich der Gesundheitshilfe anwendbar ist, so kann der dort normierte Schutzauftrag in Richtung Kooperation zwischen Jugend- und Gesundheitshilfe ausgelegt werden (vgl. MEYSEN 2008, S. 38). In der Gesundheitshilfe sollte es ebenso zum fachlichen Standard gehören, dass ein fachlich qualifizierter Umgang mit Kindeswohlgefährdung praktiziert wird. Doch nach Durchführung einer Risikoabschätzung stoßen Ärztinnen und Ärzte oftmals an die Grenzen ihrer Möglichkeit, die Gefährdung abzuwenden. Ebenso ist im Behandlungs- und Beratungskontext mit Familien der zeitliche Rahmen oftmals zu knapp, um effektiv für die Inanspruchnahme von Leistungen der Jugendhilfe zu werben. An dieser Stelle setzt die Möglichkeit zur Kooperation an (vgl. MEYSEN 2008, S. 40).

### 3.4.1 Schutzauftrag für Ärztinnen und Ärzte

In der Gesundheitshilfe gibt es keine ausdrücklichen Normierungen zum Schutzauftrag von Ärztinnen und Ärzten zur Kindeswohlgefährdung, der sie verpflichtet, entsprechende Handlungen vorzunehmen, wie es bspw. § 8a SGB VIII vorsieht. In der ärztlichen Versorgung steht das Kind im Vordergrund und das ärztliche Handeln ist primär auf die medizinische Hilfe ausgerichtet. Die Aufdeckung des Gewaltproblems oder der Vernachlässigung ist nicht die Aufgabe der Ärztin oder des Arztes. Sollten sich in der ärztlichen Praxis Verdachtsmomente auf eine bestehende Kindeswohlgefährdung ergeben, sollte durch die Ärztin oder den Arzt innerhalb der Beratung auf die Inanspruchnahme von Hilfeangeboten durch die öffentliche Jugendhilfe hingewirkt werden. Die eingenommene Rolle ist in diesen Fällen die des Initiators, um Kontakt zu helfenden Institutionen herzustellen (vgl. NIEDERSÄCHSISCHES MINISTERIUM FÜR SOZIALES, FRAUEN, FAMILIE UND GESUNDHEIT 2007, S. 15 f.). Mit Einwilligung der Eltern ist es der Ärztin oder dem Arzt auch möglich, den Hilfezugang zum Jugendamt direkt zu öffnen, indem mit Einwilligung der Eltern Informationen an das Jugendamt weitergegeben werden.

Ohne Einwilligung durch die Eltern kann ein Schutzauftrag aus dem Spannungsverhältnis von § 203 StGB (Verletzung von Privatgeheimnissen) und § 34 StGB (rechtfertigender Notstand) abgeleitet werden. Ärztinnen und Ärzte sind an ihre Schweigepflicht nach § 203 StGB gebunden, können allerdings einen rechtfertigenden Notstand zur Abwehr einer gravierenden Gefahr für die Gesundheit oder für das Leben von Kindern und Jugendlichen geltend machen, der die Verletzung der Schweigepflicht rechtfertigen würde (vgl. GEHRMANN 2007, S. 206). Ein rechtfertigender Notstand liegt nach MEYSEN (2008, S. 41) vor, wenn gewichtige Anhaltspunkte für eine Kindeswohlgefährdung bekannt werden und die eigenen fachlichen Mittel nicht ausreichen, um die Gefährdung abzuwenden, das Hinwirken auf Inanspruchnahme von Hilfeangeboten der Jugendhilfe keinen Erfolg zeigt und ein Tätigwerden aufgrund der Schwere der Gefährdung dringend geboten ist. In der Empfehlung der INTERDISZIPLINÄREN KINDERSCHUTZGRUPPE DES KLINIKUMS KASSEL (2008, S. 11) ist das Rechtsgebot der ärztlichen Schweigepflicht im Sinne einer Güterabwägung gegenüber dem gefährdeten Kindeswohl abzuwägen.

### 3.4.2 Handlungsebene für Ärztinnen und Ärzte

Die Aufgabe innerhalb der Arztpraxis liegt im frühzeitigen Erkennen einer Gefährdung, in der gesundheitlichen Versorgung des Kindes, der Information der Eltern über die Möglichkeiten des Jugendamtes und in der Unterstützung bei der Kontaktaufnahme. In Notfällen, die ein sofortiges Eingreifen erfordern, kann eine Einweisung des Kindes in ein Krankenhaus vorgenommen werden, um die Gefahr unmittelbar abwenden zu können.

Außerdem kommen ebenso wie für Lehrkräfte an Schulen auch für Ärztinnen und Ärzte die bereits beschriebenen Handlungsschritte in Betracht (siehe Punkt 3.3.2 Handlungsebene der Schule). Ihnen steht nach einer Güterabwägung zwischen ärztlicher Schweigepflicht und dem zu schützenden Kindeswohl grundsätzlich die Möglichkeit offen, Meldungen an die Polizei, an das Jugendamt oder an das Familiengericht vorzunehmen, um eine Gefährdung abzuwenden. Die oben angeführten Ausführungen gelten analog. Eine Güterabwägung entfällt, wenn es ihnen gelingt, die Eltern von einer Inanspruchnahme von weiterführenden Hilfen durch die öffentliche Jugendhilfe zu überzeugen und ggf. mit ihnen gemeinsam oder mit Einwilligung für sie Kontakt zum Jugendamt aufzunehmen.

## 4. Datenschutz

In den vorherigen Ausführungen ist an mehreren Stellen bereits auf die Relevanz von Datenschutzbestimmungen hingewiesen worden. Besonders im Zusammenhang mit Kindeswohlgefährdung bzw. Kinderschutz nimmt der Datenschutz immer wieder eine zentrale Rolle ein. In der Verbindung datenschutzrechtlicher Bestimmungen mit der Aufgabe des Kinderschutzes stehen sich in der Diskussion häufig zwei gegenläufige Positionen gegenüber. Auf der einen Seite steht die Aussage „Kinderschutz vor Datenschutz", auf der anderen, dass helfende Berufe einer absoluten Schweigepflicht unterstellt sind, die mit Strafe bewehrt ist (vgl. SCHINDLER 2006, S. 9).

Generell kann gesagt werden, dass Kooperation der Kommunikation bedarf, um einen wirksamen Kinderschutz bewerkstelligen zu können. Diesem steht allerdings der funktionale Schutz des Vertrauensverhältnisses in der jeweiligen Hilfebeziehung gegenüber, der ein nicht unwesentlicher Faktor für das Gelingen der Hilfe ist. Hier verdeutlicht sich das Dilemma der Datenschutzproblematik.

Der Schutz personenbezogener Daten ist verfassungsrechtlich geboten. Das Bundesverfassungsgericht hat festgestellt, dass zur Freiheit des Bürgers im demokratischen Staat das Recht gehört, selbst darüber zu bestimmen, wer, was und wann über persönliche Lebenssachverhalte erfährt und zu wissen, ob und was staatliche Stellen wissen. Dieses Recht auf informationelle Selbstbestimmung gründet auf dem im Grundgesetz garantierten allgemeinen Persönlichkeitsrecht, das sich aus Art. 2 Abs. 1 GG i. V. m. Art. 1 Abs. 1 GG ergibt. Daraus ergibt sich, dass der Schutz personenbezogener Daten nicht nur ein Teil der freiheitlich-demokratischen Grundordnung in einem sozialen Rechtsstaat ist, sondern auch ein Element der Fachlichkeit der sozialen Arbeit sein sollte (vgl. Bundesverfassungsgerichtsurteil vom 15.12.1983, zitiert nach PAPENHEIM u. a. 2005, S. 185 f.).

Es bleibt also festzuhalten, dass der Schutz personenbezogener Daten eine wesentliche Voraussetzung für die Wirksamkeit pädagogischer Hilfen ist und damit eine Bedingung fachlich qualifizierten Handelns. In der „Empfehlung zur Festlegung fachlicher Verfahrensstandards in den Jugendämtern bei akut schwerwiegender Gefährdung des Kindeswohls" des DEUTSCHEN STÄDTETAGES (2003, S. 13 f.) wird verdeutlicht, dass in Fällen von Kindeswohlgefährdung die Fachkräfte des öffentlichen Jugendhilfeträgers einer komplexen Situation gegenüber stehen, in der das Recht der Eltern auf informationelle Selbstbestimmung und das Recht des Kindes auf Schutz vor Gefahren für sein Wohl gegenüber stehen und sich gegenseitig begrenzen. Das Jugendamt ist in der Erfüllung seines Schutzauftrages auf Kenntnisse persönlicher Daten angewiesen, die oftmals nur von Eltern, Kindern oder Jugendlichen gegeben werden, wenn sie davon ausgehen können, dass sie vertraulich behandelt werden. Die Konsequenz ist, dass von Seiten des Jugendamtes mit diesen Daten sorgsam umgegangen werden muss. Im Umgang mit Informationen über Menschen wird die Relevanz deutlich, dass die Betroffenen zu beteiligen sind und sie in den notwendigen Verfahren nicht als Objekte des Verfahrens betrachtet werden dürfen, sondern in ihrer Selbstbestimmung zu akzeptieren sind. Datenschutz in der sozialen Arbeit bedeutet die ständige Bemühung um Beteiligung der Betroffenen, um Transparenz im behördlichen Handeln, um Aufklärung über Bearbeitungsschritte, Entscheidungsprozesse sowie die Weitergabenotwendigkeiten von Informationen (vgl. BAUER u. a. 2001, S. 315).

Die plakative Formulierung „Kinderschutz vor Datenschutz" hat also nur begrenzt Gültigkeit, ist doch der Datenschutz eine konstitutive Bedingung für das Entstehen einer Vertrauensbeziehung und dem damit verbundenen Erfolg der Hilfe. Aber „Kinderschutz vor Datenschutz" erhält immer dann eine erhöhte Bedeutung, wenn der Schutz vor Gefahren für das Wohl von Kindern und Jugendlichen nicht anders als durch die Überschreitung von datenschutzrechtlichen Bestimmungen gesichert werden kann.

Im Folgenden sollen nun die datenschutzrechtlichen Bestimmungen erläutert werden, die für die Institutionen der öffentlichen und freien Jugendhilfe, der Schule und für Ärztinnen und Ärzte relevant sind und eine Möglichkeit zur Kooperation darstellen. Vorab soll eine rechtssystematische Übersicht einen ersten Überblick zu den datenschutzrechtlichen Bestimmungen geben, die dann im Einzelnen erläutert werden:

| Öffentlicher Jugendhilfe-träger | Freier Jugendhilfe-träger | Schule | Ärztinnen/ Ärzte |
|---|---|---|---|
| • Sozialdaten-schutz §§ 61-68 SGB VIII<br><br>• Strafrechtlicher Datenschutz § 203 StGB | • Vereinbarungen oder Vertrag § 61 Abs. 3 SGB VIII<br><br>• Vertragliche Nebenpflicht<br><br>• Strafrechtlicher Datenschutz § 203 StGB | • Landes-datenschutz-gesetz (wenn nicht im Landesschulgesetz geregelt)<br><br>• Strafrechtlicher Datenschutz § 203 StGB | • Strafrechtlicher Datenschutz § 203 StGB<br><br>• Vertragliche Nebenpflicht<br><br>• Bei öffentl. Einrichtungen Landesdaten-schutz |

Quelle: eigene Darstellung

## 4.1 Sozialdatenschutz

Die Vorschriften des Sozialdatenschutzes richten sich an den öffentlichen Jugendhilfeträger. Das SGB VIII ist als spezialrechtliche Regelung anzusehen, die Vorrang vor den allgemeinen Regelungen des SGB I und SGB X hat, soweit dort abschließende Reglungen oder Abweichungen von den allgemeinen Regelungen getroffen werden (vgl. MÜNDER u. a. 2006, § 61, Rz. 2). Im Bereich des SGB VIII haben die §§ 61 bis 68 unmittelbare Wirkung für die öffentlichen Jugendhilfeträger. Das Datenschutzrecht in den Sozialgesetzbüchern enthält nach seiner rechtssystematischen Einordnung Regelungen zum Verwaltungsverfahren, die formale Vorgaben darstellen, an die sich die Verwaltung bei ihrer Aufgabenerfüllung zu halten hat. Hierbei wird unterschieden in Aufgaben („soll"), Befugnisse („darf") und Pflichten („muss"), die in den einzelnen Regelungen ihren Ausdruck finden (vgl. MEYSEN o. J., S. 5 f.).

Nach der Begriffsbestimmung des § 67 Abs. 1 SGB X sind unter Sozialdaten alle Einzelangaben über persönliche und sachliche Verhältnisse einer natürlichen Person zu verstehen. Diese Einzelangaben sind im Sinne des Datenschutzes die Daten, die sich auf die Person beziehen wie z. B. Name, Geschlecht, Alter oder Informationen, die geeignet sind, einen Bezug zu dieser Person herzustellen. Die persönlichen Verhältnisse werden durch Angaben zu Familienstand, Staatsangehörigkeit, Konfession, Beruf, Krankheiten, äußeres Erscheinungsbild, Charaktereigenschaften und Überzeugungen dargestellt, die sachlichen Verhältnisse durch Besitz, Einkommen, Vermögen und vertragliche Beziehungen (vgl. MÜNDER u. a. 2006, § 61, Rz. 4 ff.).
Inhaber der Datenschutzrechte ist die jeweils betroffene Person, deren Daten erhoben, verarbeitet oder gespeichert werden sollen. Minderjährige werden bei Entscheidungen zum Umgang mit personenbezogenen Daten von ihren Eltern bzw. Personensorgeberechtigten vertreten. Eine Ausnahme hierzu bilden die so genannten höchstpersönlichen Daten, z. B. Eingriffe in die körperliche Integrität, über die Minderjährige im Rahmen ihres individuellen Entwicklungsstandes selbst entscheiden dürfen (vgl. KRÜGER 2008a, S. 648).
Adressaten des Sozialdatenschutzes sind nach § 61 Abs. 1 SGB VIII alle Stellen des Trägers der öffentlichen Jugendhilfe, die Aufgaben nach dem SGB VIII wahrnehmen. Adressaten sind also nicht nur das Jugendamt an sich, sondern auch alle Einrichtungen und Anstalten der öffentlichen Jugendhilfe wie z. B. Beratungsstellen und Kindergärten (vgl. MÜNDER u. a. 2006, § 61, Rz. 16).
Im Zusammenhang mit dem in § 8a SGB VIII konkretisierten Schutzauftrag für die öffentliche Jugendhilfe hat Datenschutz eine besondere Relevanz. Im Rahmen der Gefährdungseinschätzung besteht für den öffentlichen Träger der Amtsermittlungsgrundsatz nach § 20 SGB X, der ausdrücklich zur Untersuchung des Sachverhalts verpflichtet. Dem öffentlichen Träger steht die Aufgabe zu, die Informationen zu beschaffen, die für die Gefährdungseinschätzung notwendig sind (vgl. SCHINDLER 2006, S. 10). Hierfür sind allerdings die Bestimmungen des Datenschutzes zu beachten.
Die Datenerhebung hat in erster Linie bei den Betroffenen stattzufinden (§ 62 Abs. 2 SGB VIII), im Rahmen des Schutzauftrages also bei den Eltern sowie Kindern und Jugendlichen. Sie sind über die Rechtsgrundlage

der Erhebung und deren Zweckbestimmung aufzuklären, soweit diese nicht offenkundig sind. Unter Datenerhebung versteht man das Erlangen jeglicher Informationen über die oder den Betroffenen. Sie ist dann rechtmäßig, wenn sie für die Erfüllung der jeweiligen Aufgabe erforderlich ist (vgl. SCHINDLER 2006, S. 10). Sozialdaten dürfen nur im Kontext einer bestimmten Aufgabenwahrnehmung erhoben werden (§ 62 Abs. 1 SGB VIII). Die Formulierung „dürfen" macht deutlich, dass es sich um eine Befugnis handelt, Informationen zu sammeln, wie es z. B. im Rahmen der Risikoabschätzung zur Erfüllung des Schutzauftrages bei Kindeswohlgefährdung notwendig ist, die nur durchgeführt werden kann, wenn Informationen zur Bewertung des Risikos vorliegen. Die Befugnis zur Datenerhebung findet ihre Grenze im Verhältnismäßigkeitsgrundsatz: Die Datenerhebung muss geeignet, erforderlich und angemessen sein. Eine Datenerhebung „auf Vorrat" ist nicht zulässig (vgl. MEYSEN 2006, Kap. 40, 2).

§ 62 Abs. 3 SGB VIII sieht Ausnahmen zur Datenermittlung bei Dritten bzw. ohne Mitwirkung der Betroffenen vor. Diese ist immer dann zulässig, wenn

1. eine gesetzliche Bestimmung dies vorschreibt oder erlaubt,
2. das Erheben bei den Betroffenen aus objektiven oder subjektiven Gründen nicht möglich ist oder die jeweilige Aufgabe ihrer Art nach eine Erhebung bei anderen erfordert, die Kenntnis der Daten aber für bestimmte Handlungen erforderlich ist wie z. B. zur Wahrnehmung des Schutzauftrages nach § 8a SGB VIII bei Kindeswohlgefährdung,
3. das Erheben bei den Betroffenen einen unverhältnismäßigen Aufwand erfordern würde und keine Anhaltspunkte dafür bestehen, dass dadurch ein schutzwürdiges Interesse des Betroffenen beeinträchtigt wird und/oder
4. die Erhebung bei den Betroffenen den Zugang zur Hilfe ernsthaft gefährden würde.

Diese Ausnahmeregelung stellt eine Bestätigung der im Kontext von § 8a Abs. 1 Satz 2 SGB VIII genannten Voraussetzung dar, nach der auch Dritte in die Risikoabschätzung einbezogen werden können, wenn ansonsten der wirksame Schutz des Kindes oder der/des Jugendlichen in Frage gestellt ist. Dieser Fall kann bspw. immer dann eintreten, wenn El-

tern nicht bereit oder in der Lage sind, an der Gefährdungseinschätzung mitzuwirken.
Die Speicherung von Daten ist in § 63 SGB VIII geregelt, die im Jugendamt in der Regel in Akten erfolgt. Nach Abs. 1 dürfen Sozialdaten nur gespeichert werden, soweit sie zur Erfüllung der jeweiligen Aufgabe erforderlich sind. Eine Zusammenführung von unterschiedlichen Daten in einer Akte ist nur dann zulässig, wenn und nur solange dies wegen eines unmittelbaren Sachzusammenhangs personeller, zeitlicher oder leistungsmäßiger Art erforderlich ist oder soweit dies zur Erfüllung der jeweiligen Aufgabe gefordert ist (§ 63 Abs. 2 SGB VIII).
Im Sinne eines effektiven Kinderschutzes nimmt die Übermittlung von Daten einen zentralen Stellenwert ein. Unter Übermittlung versteht man die Bekanntgabe der Daten an Dritte (§ 67 Abs. 6 Nr. 3 SGB X), wie sie in Kooperationsverhältnissen erforderlich ist. Bei der Übermittlung ist zu unterscheiden in Übermittlung von anvertrauten Daten (§ 65 SGB VIII) und von sonstigen, also nicht anvertrauten, Daten (§ 64 SGB VIII).
§ 65 Abs. 1 SGB VIII trägt dem besonderen Vertrauensschutz in der persönlichen und erzieherischen Hilfe Rechnung. Werden einem Mitarbeiter des öffentlichen Trägers im Rahmen dieser Hilfen Sozialdaten anvertraut, dürfen diese von ihm nur weitergegeben werden, wenn

a) eine Einwilligung des Betroffenen vorliegt,
b) das Familiengericht zur Erfüllung der Aufgaben nach § 8a Abs. 3 SGB VIII ohne diese Mitteilung eine für die Gewährung von Leistungen notwendige gerichtliche Entscheidung nicht treffen kann,
c) aufgrund eines Wechsels der Fallzuständigkeit im Jugendamt oder eines Wechsels der örtlichen Zuständigkeit an den Mitarbeiter Daten in Bezug auf die Gewährung oder Erbringung einer Leistung und in Bezug auf eine Risikoabklärung bei Verdacht auf Kindeswohlgefährdung notwendig sind,
d) eine Fachkraft nach § 8a SGB VIII zu Risikoabschätzung hinzugezogen werden soll oder
e) Voraussetzungen vorliegen, unter denen eine der in § 203 StGB genannten Personen dazu befugt wäre, wie sie der rechtfertigende Notstand darstellt (siehe hierzu Punkt 4.3, strafrechtlicher Datenschutz).

Anvertraut sind Daten immer dann, wenn Klienten sich einer Fachkraft mit der Erwartung offenbaren, dass diese die Information für sich behält und die Fachkraft direkt oder indirekt zu verstehen gegeben hat, dass sie diese Verschwiegenheit zusichert. Werden diese Daten weitergegeben, ist mit einer nachhaltigen Störung des Vertrauensverhältnisses zu rechnen und der Erfolg der Hilfemaßnahme gefährdet. Deswegen sollte vor Weitergabe eine Abschätzung vorgenommen werden, ob die oben aufgeführten Bedingungen zutreffen (vgl. MEYSEN o. J., S. 9 f.). Diese gilt nicht nur für die Hilfebeziehung bei öffentlichen Trägern, sondern in verstärktem Maße auch bei freien Trägern, denen bspw. im Rahmen ambulanter Hilfen private Informationen anvertraut oder bekannt werden. Sollte eine Übermittlung gegen den Willen der Betroffenen notwendig werden, wie es in einer Vielzahl von Lebenssachverhalten der Fall sein kann, sollte dies unter dem Grundsatz erfolgen, dass die Datenweitergabe zwar unter bestimmten Umständen gegen den Willen, aber nie ohne das Wissen der Betroffenen erfolgen darf (vgl. SCHINDLER 2006, S. 11).
Sind Daten nicht im Sinne des § 65 SGB VIII anvertraut, wird in diesem Fall durch § 64 SGB VIII die Übermittlungsbefugnis konkretisiert. Danach dürfen Sozialdaten nur zu dem Zweck übermittelt oder genutzt werden, zu denen sie erhoben worden sind (Abs. 1). Eine von Abs. 1 abweichende Übermittlung ist nur zulässig, wenn dadurch der Erfolg einer zu gewährenden Leistung nicht in Frage gestellt wird (Abs. 2). Mit dem Gesetz zur Weiterentwicklung der Kinder- und Jugendhilfe (KICK) wurde ein weiterer Zusatz in § 64 SGB VIII aufgenommen. Nach Abs. 2a ist zu prüfen, ob die Daten in anonymisierter oder pseudonymisierter Form z. B. im Rahmen der Risikoabschätzung nach § 8a SGB VIII an eine externe Fachkraft übermittelt werden können, soweit dies die Aufgabenerfüllung zulässt (vgl. DEUTSCHER BUNDESTAG 2004, S. 38). Weiterhin dürfen zum Zwecke der Jugendhilfeplanung Sozialdaten nur anonymisiert beim öffentlichen Träger gespeichert werden (Abs. 3).

Durch KICK ist nunmehr die Einbeziehung der freien Träger in den Schutzauftrag bei Kindeswohlgefährdung ausdrücklich in § 8a SGB VIII aufgenommen, die auch im Zusammenhang mit dem Datenschutz Beachtung finden muss. Danach werden datenschutzrechtliche Bestimmungen einen Bestandteil der nach § 8a Abs. 2 SGB VIII abzuschließenden Vereinbarung darstellen.

Freie Träger werden im Rahmen ihrer Leistungserbringung mit Kindeswohlgefährdung konfrontiert und müssen in Bezug auf die durchzuführende Risikoabwägung Informationen beschaffen und ggf. an das Jugendamt übermitteln. Da Träger der freien Jugendhilfe keine Leistungsträger im Sinne des SGB sind, sind sie auch nicht unmittelbar an die Vorschriften zum Datenschutz nach SGB VIII gebunden. Der öffentliche Jugendhilfeträger hat nun sowohl nach § 8a Abs. 2 SGB VIII als auch § 61 Abs. 3 SGB VIII sicherzustellen, dass durch freie Träger zum einen der Schutzauftrag und zum anderen der Datenschutz in entsprechender Weise gewährleistet wird (vgl. PAPENHEIM u. a. 2005, S. 204). Diese Verlängerung des Sozialdatenschutzes auf Einrichtungen und Dienste der freien Träger kann durch vertragliche Vereinbarungen, durch Nachweis, durch Zusicherung oder durch Selbstverpflichtung der freien Träger erfolgen, wobei eine pauschale Selbstverpflichtung nicht zulässig ist (vgl. MÜNDER u. a. 2006, § 61, Rz. 25).
Eine Pflicht zur Informationsweitergabe der freien Träger an das Jugendamt besteht nach § 8a SGB VIII gesetzlich normiert nur, wenn gewichtige Anhaltspunkte bei einer Fachkraft bekannt geworden sind und diese mit einer insoweit erfahrenen Fachkraft in einer ersten Gefährdungseinschätzung bewertet wurden, die Eltern nicht mitwirken, die angebotene Hilfe nicht angenommen wird oder die angenommene Hilfe nicht ausreichend ist. Zusammenfassend bedeutet dies, dass eine Informationsweitergabe erfolgen muss, wenn die Zugänge zur eigenen Hilfe nicht ausreichen und dies vertraglich vereinbart wurde (vgl. MEYSEN o.J., S. 7 f.).
Neben den Vereinbarungen ergeben sich weitere Bedingungen des Datenschutzes, die sich aus den vertraglichen Beziehungen zu den Klienten ergeben (näheres dazu unter Punkt 4.4, Datenschutz aus vertraglicher Nebenpflicht).

## 4.2 Öffentlich-rechtlicher Datenschutz am Beispiel des Landes Niedersachsen

Der öffentlich-rechtliche Datenschutz in Form der Landesdatenschutzgesetze findet für den Bereich der Schulen Anwendung, sofern in den verschiedenen Landesschulgesetzen keine gesonderten Regelungen zum

Datenschutz getroffen werden, wie es auch für das Land Niedersachsen der Fall ist.

Die Anwendbarkeit des Niedersächsischen Datenschutzgesetzes (NDSG) für Schulen ergibt sich aus § 2 Abs. 1 NDSG:

> „Dieses Gesetz gilt für die Verarbeitung personenbezogener Daten durch Behörden und sonstiger öffentlicher Stellen
> a. des Landes,
> b. der Gemeinden und Landkreise,
> c. der sonstigen der Aufsicht des Landes unterstehenden Körperschaften, Anstalten und Stiftungen des öffentlichen Rechts
>
> und deren Vereinigungen. [...]"

Öffentliche Schulen sind untere Landesbehörden, daher gelten für sie die weiteren Regelungen des NDSG. Die Datenübermittlungsbefugnisse innerhalb des öffentlichen Bereichs, z. B. an die öffentliche Jugendhilfe, werden in § 11 NDSG geregelt. Die Übermittlung von Daten an Personen und Einrichtungen außerhalb des öffentlichen Bereichs, wie z. B. an freie Träger der Jugendhilfe, ist in § 13 NDSG geregelt (vgl. KRÜGER 2008a, S. 651).

Nach § 11 NDSG ist eine Datenübermittlung innerhalb des öffentlichen Bereichs zulässig, wenn die Übermittlung zur Erfüllung der Aufgaben der übermittelnden Stelle oder des Empfängers erforderlich ist, die/der Betroffene eingewilligt hat oder wenn bei der rechtmäßigen Aufgabenerfüllung sich Anhaltspunkte für Straftaten oder Ordnungswidrigkeiten ergeben haben und deren Verfolgung geboten ist. Ferner ist sie immer dann zulässig, wenn eine Rechtsvorschrift dies vorsieht bzw. zwingend voraussetzt oder die Erhebung zur Abwehr von Gefahren für Leib, Leben oder die persönliche Freiheit erforderlich ist (§ 11 Abs. 1 i. V. m. §§ 9, 10 NDSG). Eine Übermittlung an Personen und Stellen außerhalb des öffentlichen Bereichs ist nach § 13 NDSG nur dann zulässig, wenn zusätzlich zu den in § 11 NDSG genannten Voraussetzungen die Datenübermittlung für die Erfüllung der Aufgaben der übermittelnden Stelle erforderlich ist, die empfangende Stelle ein rechtliches Interesse an der Kenntnis der zu übermittelnden Daten glaubhaft macht und kein Grund zu der Annahme besteht, dass das schutzwürdige Interesse des Betroffenen an Geheimhaltung überwiegt oder dass die Datenübermittlung im öffentlichen Interesse liegt und die/der Betroffene der Übermittlung nicht widerspricht (§ 13 Abs. 1 NDSG).

Die Regelungen des Landesdatenschutzes gelten analog auch für Einrichtungen der medizinischen Versorgung die nicht privater Art sind, sondern vom Land oder der Kommune unterhalten werden wie z. B. Landes- oder Kreiskrankenhäuser.

## 4.3 Strafrechtlicher Datenschutz

Von weiterer Bedeutung ist der Datenschutz, der sich aus strafrechtlicher Relevanz ergibt. Die einschlägige Norm hierzu ist § 203 StGB, Verletzung von Privatgeheimnissen. Der Datenschutz ergibt sich aus der Formulierung dieser Norm, die umgangssprachlich auch als Schweigepflicht bezeichnet wird. Danach wird mit Freiheits- oder Geldstrafe belegt, wer unbefugt ein fremdes Geheimnis, das zum persönlichen Lebensbereich gehört, an Dritte offenbart. Die persönliche Schweigepflicht wurde den in § 203 StGB genannten Personengruppen durch Gesetzgebung auferlegt. Im Kontext von Kindeswohlgefährdung sind folgende Personengruppen relevant:

- Ärztinnen und Ärzte (Abs. 1)
- staatlich anerkannte Sozialpädagoginnen und Sozialpädagogen/ Sozialarbeiterinnen und Sozialarbeiter (Abs. 1)
- Amtsträger (Abs. 2), z. B. Lehrer, aber auch andere als staatlich anerkannte Sozialpädagoginnen und Sozialpädagogen/ Sozialarbeiterinnen und Sozialarbeiter, wenn sie als Fachkräfte im Jugendamt angestellt sind.

Der Schutzgegenstand ist ein fremdes Geheimnis, unter dem alle Tatsachen zusammenzufassen sind, die Einzelangaben über persönliche oder sachliche Verhältnisse darstellen und die nur einem Einzelnen oder stark begrenztem Personenkreis bekannt sind. Ferner muss ein subjektives Interesse der oder des Betroffenen vorliegen, dass das Geheimnis geheim gehalten bleibt (vgl. KINDHÄUSER u. a. 2005, § 203, Rz. 6). Nach PAPENHEIM u. a. (2005, S. 191) werden unter Tatsachen die Daten verstanden, die Angaben zu Name, Vorname, Alter, Beruf, Krankheiten,

Problemen, Verhaltensweisen, Alkoholkonsum, Charaktereigenschaften, Meinungen, Wertungen, Diagnosen und Prognosen machen.
Die oder der Schweigepflichtige muss von diesem Geheimnis in seiner beruflichen Funktion durch vertrauliche Mitteilung oder in anderer Weise Kenntnis erhalten haben, die zwar keine bewusste Mitteilung ist, aber im Zusammenhang mit der beruflichen Vertrauensbeziehung steht, d. h. dass zwischen der Kenntniserlangung und der beruflichen oder amtlichen Tätigkeit ein innerer Zusammenhang bestehen muss (vgl. WESSELS u. a. 2007, § 12, Rz. 565).
Die Tathandlung ist das Offenbaren von Geheimnissen, unter der jede Mitteilung an Dritte verstanden wird, die zuvor von diesem Geheimnis keine oder keine gesicherte Kenntnisse hatten. Die Form der Mitteilung, ob schriftlich, mündlich oder durch Akteneinsicht, ist nicht relevant. Inhaltlich muss die Offenbarung so konkret sein, dass aus ihr bzw. aus den Begleitumständen der Mitteilung der Betroffene erkenntlich wird. In Hinsicht auf die Kooperation von verschiedenen Institutionen bei Kindeswohlgefährdung ist zu bedenken, dass das Offenbaren auch an eine andere in § 203 StGB genannte Personengruppe, die auch der Schweigepflicht unterliegt, nicht zulässig ist (vgl. KINDHÄUSER u. a. 2005, § 203, Rz. 19).
Die strafrechtliche Ahndung entfällt, wenn der Schweigepflichtige über Befugnisse zur Weitergabe des Privatgeheimnisses verfügt. Zu den Offenbarungsbefugnissen gehören die Einwilligung des Betroffenen, die Erfüllung einer Rechtspflicht sowie die Grundsätze der Güter- und Pflichtenabwägung bei Wahrnehmung berechtigter Interessen (vgl. WESSELS u. a. 2007, § 12, Rz. 568).
Die Einwilligung des Betroffenen setzt dessen Einwilligungsfähigkeit voraus, dass die Tragweite und Bedeutung der Zustimmung überblickt werden kann. Nach herrschender Meinung reicht hierfür die natürliche Einsichts- und Urteilsfähigkeit aus, so dass auch Minderjährige wirksam ihre Einwilligung erklären können. Die Entscheidung hierzu können sie selbst treffen und obliegt nicht ihren Eltern bzw. Personensorgeberechtigten (vgl. KINDHÄUSER u. a. 2005, § 203, Rz. 52). Insbesondere bei Kindeswohlgefährdung ist diese Befugnis zur Informationsweitergabe wichtig, so dass bspw. durch Ärztinnen und Ärzte, aber auch durch Lehrkräfte, ohne Einwilligung der Eltern Hinweise auf Wunsch des Kindes an das Jugendamt weitergeleitet werden können.

Die Erfüllung einer Rechtspflicht ergibt sich aus einschlägigen Gesetzesnormen, wie z. B. aus § 138 StGB, der Anzeigepflicht der dort abschließend aufgeführten geplanten Straftaten, wenn sie noch verhindert werden können.
Eine Güter- und Pflichtenabwägung ist in Hinsicht auf Kindeswohlgefährdung im Zusammenhang mit der Regelung zum rechtfertigenden Notstand (§ 34 StGB) von Bedeutung, der unter bestimmten Umständen eine Entbindung von der Schweigepflicht darstellt. Liegt ein rechtfertigender Notstand vor, ist das Offenbaren eines fremden Geheimnisses nicht mehr rechtswidrig. Eine rechtfertigende Notstandslage liegt immer dann vor, wenn eine gegenwärtige Gefahr für Leben, Leib, Freiheit, Ehre, Eigentum oder eines anderen Rechtsgutes besteht, die nicht anders abgewendet werden kann als durch Einwirkung auf ein ebenfalls rechtlich anerkanntes Interesse. Notstandsfähig sind alle Rechtsgüter des Einzelnen oder der Allgemeinheit, soweit sie in der konkreten Situation schutzbedürftig und schutzwürdig sind (vgl. WESSELS u. a. 2007, § 8, Rz. 299 f.), so auch das Kindeswohl. Im Abwägungsprozess muss berücksichtigt werden, ob zu erwarten ist, dass der Schaden in allernächster Zeit eintritt und ob die Offenbarung des Geheimnisses das angemessene Mittel zur Abwendung der Gefahr darstellt (vgl. PAPENHEIM u. a. 2005, S. 196).

## 4.4 Datenschutz aus vertraglicher Nebenpflicht

Durch direktes oder durch schlüssiges (konkludentes) Handeln schließen Menschen, die Einrichtungen freier Träger aufsuchen, um sich beraten, behandeln oder betreuen zu lassen, einen Vertrag ab. Auch wenn sich die Hauptvertragspflicht auf die vereinbarte Dienstleistung bezieht, schließt der Vertrag neben der Hauptpflicht auch so genannte Schutzpflichten mit ein. Diese umfassen den Schutz von Leben, Gesundheit, Freiheit, sexueller Selbstbestimmung, Eigentum und sonstigen wichtigen Rechtsgütern, zu denen auch das verfassungsrechtlich geschützte Persönlichkeitsrecht zählt, die durch den Vertragspartner nicht verletzt werden dürfen. Daraus kann abgeleitet werden, dass alle personenbezogenen Daten, die im Zusammenhang mit der Erfüllung der Dienstleistung bekannt werden, wie ein Geheimnis zu behandeln und nicht unbefugt zu offenbaren sind (vgl. PAPENHEIM u. a. 2005, S. 228).

Diese Bestimmung ist auch analog auf das Behandlungsverhältnis zwischen Ärztin/Arzt und Patientin/Patient anzuwenden. Auch wenn die Patientin bzw. der Patient nicht ausdrücklich in die Behandlung einwilligt, diese aber durchführen lässt, wird durch schlüssiges Verhalten ein Vertragsverhältnis eingegangen und die nebenvertraglichen Schutzbestimmungen begründet.

# 5. Rechtliche Konsequenzen

Kommt ein Kind oder Jugendlicher zu Schaden oder gar zu Tode, geht es immer auch um die Prüfung der Frage, ob die mit dem Fall betraute Fachkraft mit rechtlichen Folgen zu rechnen hat. Im Fokus steht, ob eine Verletzung fachlicher Standards zu verzeichnen ist, also ein Verstoß gegen fachlich gefordertes Handeln, das in seinen Rechtsfolgen bedeuten kann, dass die Fachkraft nachträglich zur Verantwortung gezogen wird (vgl. MÜNDER u. a. 2007, Kap. 4, Rz. 1). Maßgeblich für eine nachträgliche Bewertung der Rechtmäßigkeit des sozialpädagogischen Handelns ist allein, wie sich der Fall für die Fachkraft zu dem Zeitpunkt darstellt, an dem das vermeintlich erforderliche Handeln ausgeblieben ist („Ex-ante-Sicht“). Spätere Erkenntnisse über die vorliegende Situation dürfen ihr nicht vorgehalten werden (vgl. MÜNDER u. a. 2006, § 8a, Rz. 62).
Generell tragen Fachkräfte in der Kinder- und Jugendhilfe eine Verantwortung zum Schutz von Kindern und Jugendlichen, sie vor Gefahren für ihr Wohl zu schützen. Werden sie dieser Verantwortung nicht gerecht, können sie mit verschiedenen Folgen konfrontiert werden: Sie können sich strafbar machen, schadensersatzpflichtig werden oder arbeitsrechtliche Konsequenzen erfahren (vgl. MEYSEN 2008, S. 48). Diese Konsequenzen werden im Folgenden erläutert. Erwähnung sollte finden, dass der Schwerpunkt der Erläuterung auf sozialpädagogische Fachkräfte öffentlicher und freier Träger der Kinder- und Jugendhilfe gesetzt ist und der Bereich Schule und medizinische Hilfe nachrangig behandelt wird.

## 5.1 Strafrechtliche Folgen

Anlässlich verschiedener aktueller Fälle von Kindeswohlgefährdung mit und ohne Todesfolge, die in der Öffentlichkeit und in den Medien breites Interesse gefunden haben, ist die berufsbezogene Wahrnehmung einer möglichen strafrechtlichen Ahndung bei sozialpädagogischen Fachkräften gestiegen. In Betracht kommt ein Strafverfahren nach § 13 StGB wegen Unterlassens. Bei der Prüfung, ob eine solche Straftat vorliegt, rückt das Einhalten fachlicher Standards bzw. deren Nicht-Einhaltung und die daraus resultierende Verantwortlichkeit der einzelnen Fachkraft am Schaden oder Tod des Kindes oder Jugendlichen in den Vordergrund. Zum besseren Verständnis wird im Folgenden zunächst auf die Funktion des Strafrechts allgemein eingegangen, um das Unterlassungsdelikt als eine mögliche Form strafbaren Verhaltens und die dafür notwendigen rechtlichen Bedingungen zu erörtern. Abschließend werden Konsequenzen für die verschiedenen Institutionen mit Schwerpunkt auf öffentliche und freie Kinder- und Jugendhilfe aufgezeigt.

### 5.1.1 Funktion des Strafrechts

Die primäre Funktion des Strafrechts besteht im Rechtsgüterschutz. Dem Strafrecht kommt dabei die Aufgabe zu, „die elementaren Grundwerte des Gemeinschaftslebens zu sichern, die Erhaltung des Rechtsfriedens im Rahmen der sozialen Ordnung zu gewährleisten und das Recht im Konfliktfall gegenüber dem Unrecht durchzusetzen“ (WESSELS u. a. 2007, § 1, Rz. 6). Der Begriff Rechtsgut ist ein unbestimmter Rechtsbegriff, der mit Inhalt gefüllt werden muss. Unter Rechtsgütern sind die Lebensgüter, Sozialwerte und rechtlich anerkannte Interessen zu verstehen, die wegen ihrer besonderen Bedeutung für die Gesellschaft Rechtsschutz genießen. Es wird in Individualrechtsgüter und Universalrechtsgüter unterschieden. Zu den Individualrechtsgütern gehören die Rechtsgüter, die für den Einzelnen von besonderer Bedeutung sind, wie z. B. das Leben, die körperliche Unversehrtheit, die persönliche Freiheit, die Ehre, das Eigentum und das Vermögen. Hier ist auch das Kindeswohl einzuordnen. Universalrechtsgüter sind die Rechtsgüter der Allgemeinheit, wie z. B. der Bestand des Staates und seiner freiheitlich-demokratischen Grundordnung (vgl. WESSELS u. a. 2007, § 1, Rz. 7).

Das Strafrecht kennt sechs Erscheinungsformen strafbaren Verhaltens: das Begehungs- und Unterlassungsdelikt, das Vorsatz- und Fahrlässigkeitsdelikt sowie das vollendete und das versuchte Delikt, wobei die primäre Form der Straftat das vollendete, vorsätzliche Begehungsdelikt ist. Der Grundfall der Straftat besteht also in einem aktiven Handeln, welches die Rechtsgüter eines Dritten oder der Allgemeinheit beeinträchtigt (vgl. BRINGEWAT 2003, Rz. 391 f.). Allerdings kann strafrechtlich relevantes Handeln nicht nur aus einer aktiven Tätigkeit resultieren, sondern auch aus dem Unterlassen einer gebotenen Handlung, dem so genannten Unterlassungsdelikt. Nach BRINGEWAT (2003, Rz. 395) handelt es sich bei

einem Unterlassungsdelikt um einen Verstoß gegen eine Handlungspflicht von normierten Geboten, deren strafbares Unterlassen in der Nichtvornahme einer geforderten Tätigkeit bzw. einer bestimmten gesetzlich geforderten Handlung besteht.
Auf diese Form des Deliktes, die insbesondere auch für beteiligte Fachkräfte im Rahmen des Kinderschutzes relevant ist, wird nun näher eingegangen.

### 5.1.2 Begehen durch Unterlassen

Unterlassungsstraftaten untergliedern sich in zwei strukturell verschiedene Gruppen, den echten und den unechten Unterlassungsdelikten. Echte Unterlassungsstraftaten kennzeichnen sich durch einen Verstoß gegen eine Gebotsnorm und dem bloßen Unterlassen einer vom Gesetz geforderten Handlung, wie z. B. unterlassener Hilfeleistung. Sie belaufen sich allein auf das Unterlassen eines rechtlich gebotenen Handelns und beinhalten keine besonderen Schutzpflichten. Bei unechten Unterlassungsdelikten handelt es sich hingegen um Straftaten, bei denen die/der Unterlassende als Garant zur Erfolgsabwendung der Tat verpflichtet ist und bei denen das Unterlassen in seiner Verwirklichung einem Tun gleichgesetzt wird (vgl. WESSELS u. a. 2007, § 16, Rz. 695 ff.). Die zugrunde liegende Norm des unechten Unterlassungsdeliktes ist § 13 StGB.
Die Tathandlung besteht in der Nichtvornahme einer geforderten Tätigkeit bzw. einer bestimmten gesetzlich geforderten Handlung. Geboten oder rechtlich gefordert ist eine Handlung immer dann, wenn sie den Taterfolg mit an Sicherheit grenzender Wahrscheinlichkeit verhindert hätte. Hinzu kommt, dass die unterlassene Handlung kausal für den Taterfolg ist. Mit anderen Worten ist eine Kausalität dann gegeben, wenn die erwartete Handlung den konkreten Taterfolg verhindert hätte (vgl. BRINGEWAT 2003, Rz. 467 ff.). In Hinsicht auf Kindeswohlgefährdung wäre der Taterfolg die Verletzung bzw. Schädigung oder der Tod des Kindes oder Jugendlichen.
Aufgrund der höheren Relevanz wird im Folgenden auf das unechte Unterlassungsdelikt eingegangen, das u. U. für Fachkräfte im Kinderschutz in Betracht kommt. Zur näheren Erläuterung werden zunächst die Entstehung der Garantenstellung und die daraus resultierende Garantenpflicht beschrieben.

### 5.1.3 Garantenstellung und Garantenpflicht

Nach § 13 StGB kann sich nur strafbar machen wer es unterlässt, einen Erfolg abzuwenden, wenn er rechtlich dafür einzustehen hat, dass der Taterfolg nicht eintritt und wenn das Unterlassen der Verwirklichung des gesetzlichen Tatbestands durch ein aktives Tun entspricht. Der in Frage kommende Täterkreis erfährt somit eine Eingrenzung. Angesprochen wird durch § 13 StGB also nur ein bestimmter Personenkreis bzw. eine bestimmte Person, die als Garant bezeichnet wird. Hinter der Garantenstellung, die sich aus dieser verpflichtenden Position ergibt, verbirgt sich eine herausgehobene soziale Stellung, auf Grund derer eine besondere Verantwortung für den Nichteintritt eines tatbestandsmäßigen Erfolges besteht. Der in Betracht kommende Personenkreis wird durch eine allgemeine oder spezifische, bspw. berufliche, Rolle bestimmt. Eine faktische Garantenstellung ergibt sich z. B. aus der Tatsache, als leibliche Mutter oder Vater zur Sorge um das Kind verpflichtet zu sein. Auch durch die berufliche Tätigkeit als Arzt, Lehrer oder Sozialarbeiter können in bestimmten berufsspezifischen Sachlagen Garantenstellungen erzeugt werden (vgl. BRINGEWAT 2003, Rz. 476).
Mögliche Entstehungsvoraussetzungen für eine Garantenstellung ergeben sich aus Gesetz, aus Vertrag, aus freiwilliger, tatsächlicher Übernahme, aus vorangegangenem gefährlichem und rechtswidrigem Verhalten sowie aus enger Lebensbeziehung. Darüber hinaus ist die Garantenstellung auf zwei Grundpositionen zurückzuführen, die sich zum einen in besondere Schutz- und Obhutspflichten für bestimmte Rechtsgüter als Beschützergarant und zum anderen in der Verantwortlichkeit für bestimmte Gefahrenquellen als Überwachungsgarant darstellen (vgl. TRÖNDLE u. a. 2007, § 13, Rz. 5 f.). Nach vorherrschender Auffassung sind die Erklärungs- und Begründungsansätze aus der Funktionenlehre mit der formellen Rechtspflicht- und Rechtsquellenlehre zu verbinden. In einem ersten Schritt ist dann zu prüfen, ob der Sachverhalt einem Beschützer- oder Überwachungsgaranten zuzuordnen ist, um in einem zweiten Schritt die aus der formellen Rechtspflicht- und Rechtsquellenlehre stammenden kategorialen Entstehungsgründe inhaltlich auf die zwei Grundpositionen anzuwenden (vgl. BRINGEWAT 2006, S. 235).
Die Garantenstellung ist nicht mit der Garantenpflicht gleichzusetzen, sondern stellt die tatsächlichen Umstände dar, aus der sich die Garanten-

pflicht ergibt. Die Garantenpflicht entspricht der in § 13 StGB genannten Verpflichtung, den Taterfolg zu verhindern. Als strafrechtlich relevantes Verhalten kann nur bewertet werden, wenn ein Garant gegen eine aus seiner Garantenstellung resultierende Garantenpflicht verstößt.
Der Unterlassende muss allerdings auch über die Möglichkeiten zur Verhinderung verfügen. Kann er die erfolgsverhindernde Handlung nicht vollziehen, entfällt der Tatbestand des Unterlassungsdelikts. Ebenso muss die geforderte Handlung dem Garanten zumutbar sein. Hierfür kommt es auf die Lage und die Fähigkeit des Garanten sowie auf die Nähe und Schwere der Gefahr und die Bedeutung des Rechtsguts an (vgl. TRÖNDLE u. a. 2007, § 13, Rz. 14 f.).
Zusammenfassend beschreibt die Garantenstellung die tatsächlichen Umstände, die Beziehung zwischen Garant und dem zu schützenden Rechtsgut (Kind), während die Garantenpflicht die daraus folgenden normativen Handlungsanforderungen beschreibt (vgl. MÜNDER u. a. 2006, § 1, Rz. 40).

### 5.1.4 Auswirkung auf die verschiedenen Institutionen

Bei der Frage nach den strafrechtlichen Folgen geht es nicht um die Institution, sondern ob der einzelne Mitarbeiter innerhalb einer Institution sich strafbar gemacht hat. Im Fokus steht dabei also immer die persönliche Vorwerfbarkeit gegenüber einer zum Handeln verpflichteten Person und nicht eine institutionelle Verantwortung. In der Regel geht es dann um ein strafbares Handeln durch Unterlassen nach § 13 StGB, wenn eine Pflicht zum Handeln besteht (vgl. MÜNDER u. a. 2006, § 1, Rz. 39). „Der konkreten Person muss aufgrund ihrer besonderen Beziehung (Garantenstellung) zum geschützten Rechtsgut (Leben und Gesundheit des Kindes) eine spezielle Rechtspflicht zum Tätigwerden (Erfolgsabwendungspflicht) obliegen. Diese Rechtspflicht muss fahrlässig (also sorgfaltswidrig) oder vorsätzlich nicht erfüllt worden sein, worauf der Schaden ursächlich (Kausalität) zurückzuführen ist“ (MÜNDER u. a. 2006, § 1 Rz. 40).
Für sozialpädagogische Fachkräfte in der öffentlichen Kinder- und Jugendhilfe ist die Grundlage für eine strafrechtliche Verantwortung, dass Fachkräfte der Jugendhilfe durch ihre gesetzlichen Aufgaben und Pflichten in besonderer Weise die Aufgaben des staatlichen Wächteramtes wahrzunehmen, d.h. über den Schutz von Kindern und Jugendlichen be-

sonders zu wachen haben. Kommt ein Kind zu Schaden oder zu Tode wird überprüft, ob ein Unterlassen der Fachkraft ursächlich zu diesem Schaden beigetragen hat (vgl. SCHRAPPER 2008, S. 70). Die Herleitung der Garantenstellung für Fachkräfte in der öffentlichen Jugendhilfe erfolgt zum einen ausetz und zum anderen aus der tatsächlichen Schutzübernahme, in der die Fachkraft mit der Betreuung einer Familie eine Garantenpflicht im Hinblick auf wichtige Rechtsgüter des Kindes wie Leib, Leben, Freiheit und sexuelle Integrität übernimmt (vgl. HARNACH 2007, S. 193). Auf diese Schutzfunktion der öffentlichen Kinder- und Jugendhilfe nimmt nunmehr auch der § 8a SGB VIII ausdrücklich Bezug.

Die Herleitung aus dem Gesetz ergibt sich aus § 1 Abs. 2 Satz 2 SGB VIII und damit aus dem staatlichen Wächteramt, das bereits in Art. 6 Abs. 2 Satz 2 GG begründet wird und an dieser Stelle im SGB VIII wortwörtlich wiederholt wird. Immer dann, wenn eine Kindeswohlgefährdung die Eingriffsschwelle nach § 1666 BGB erreicht und überschritten hat, wird der staatliche Hilfeeingriff ausgelöst. Somit begründet das staatliche Wächteramt eine Garantenposition als Beschützergarant der Fachkraft und dadurch eine Rechtspflicht zum erfolgsverhindernden Handeln (vgl. BRINGEWAT 2006, S. 237).

Nach BRINGEWAT (2001, S. 62) wird im Rahmen der sozialarbeiterischen und sozialpädagogischen Arbeits- und Betreuungszusammenhänge die fallzuständige Fachkraft im Jugendamt vor die Aufgabe gestellt, das körperliche, geistige und seelische Wohl der Kinder und Jugendlichen in den betreuten Problemfamilien vor Gefahren sowohl von außen als auch durch elterliches Fehlverhalten zu schützen. Daher fällt der Fachkraft im Wege ihrer amtlichen Aufgabenerfüllung nach § 1 Abs. 1 und 3 Nr. 3 SGB VIII eine Garantenposition als Beschützergarant aus tatsächlicher Schutzübernahme zu, aus der Garantenpflichten zur Verhinderung eines straftatbestandsmäßigen Erfolges resultieren. Diese Pflichten bestehen gegenüber dem Kind oder Jugendlichen als Rechtsgutträger direkt und/oder gegenüber den Eltern zu Gunsten des Kindes oder Jugendlichen. Den Garantenpflichten genügt die Fachkraft stets dann, wenn aus den möglichen Maßnahmen diejenigen gewählt werden, die die Rechtsgutverletzung verhindern.

Für die Entstehung dieser Garantenposition ist nicht von Belang, ob eine tatsächliche Schutzübernahme in Erfüllung und Ausübung gesetzlicher, vertraglicher, beruflicher und/oder privater Pflichten und Tätigkeiten er-

folgt. Die vertragliche Vereinbarung oder gesetzliche Vorschriften und Bestimmungen verdeutlichen allerdings die Schutzrichtung und stellen eine inhaltliche Konkretisierung der aus der tatsächlichen Schutzübernahme folgenden Garantenpflichten dar (vgl. BRINGEWAT 2001, S. 50 f.).
Für die Entstehung der Garantenposition als Beschützergarant mit tatsächlicher Schutzübernahme zählt lediglich der Realakt, der darin besteht, dass die fallzuständige Fachkraft die ihr zufallenden Schutzfunktionen faktisch übernimmt und tätig wird, d. h. bestimmte Schutzvorkehrungen zum Schutz des Kindes oder Jugendlichen trifft. Zur Begründung dieser Garantenposition muss des Weiteren die Erwartung des zu schützenden Rechtsgutträgers hinzukommen, dass der Beschützergarant alle notwendigen Vorkehrungen zum Schutz treffen wird. Diese Erwartungshaltung ist lediglich im Sinne eines unreflektierten Vertrauens erforderlich (vgl. BRINGEWAT 2006, S 236).
Die administrative Verwaltung hat die vorrangige Pflicht, die Arbeit im Jugendamt so zu organisieren, dass die Mitarbeiterinnen und Mitarbeiter unter Berücksichtigung von Fallzahlen, Krankheits- und Urlaubsvertretung, dem Betreuungsbudget und sonstiger Dienstpflichten ihrer Arbeit im erforderlichen Maß nachkommen können (vgl. MÜNDER u. a. 2006, § 1, Rz. 41).
In Bezug auf den konkretisierten Schutzauftrag nach § 8a SGB VIII bedeutet dies für die Fachkraft im Jugendamt, dass sie ihre Garantenstellung erfüllt, wenn sie die in § 8a SGB VIII benannten Verfahrensregelungen berücksichtigt. Ihre Garantenpflicht ist verletzt, wenn z. B. die Gefährdungseinschätzung nicht oder nur unvollständig durchgeführt wird und die Situation des gefährdeten Kindes oder Jugendlichen nur lückenhaft geklärt wird (vgl. PAPENHEIM u. a. 2005, S. 94). So erfolgt eine Verschiebung des Fokus der sozialen Arbeit vom Erfolg der Arbeit hin zu Verfahrensabläufen. Diese Verfahrensabläufe stellen in der Einhaltung des richtigen und normativ vorgeschriebenen Verfahrens das fachgerechte Handeln und somit den fachlichen Standard dar (vgl. MÜNDER u. a. 2006, § 1, Rz. 42).
Die erworbene Garantenposition behält die Fachkraft solange, bis sie nicht mehr fallzuständig ist. Dies kann durch eine Veränderung der örtlichen Zuständigkeit, durch Fallabgabe oder durch erfolgreichen Abschluss der Maßnahme der Fall sein (vgl. BRINGEWAT 2000, S. 61).

Auch die Leistungserbringung durch einen freien Träger entlastet die Fachkräfte im Jugendamt nicht aus der Garantenpflicht zum Schutz des Kindes als Aufgabe des staatlichen Wächteramtes (vgl. WERNER 2007, S. 137).

Auch für Fachkräfte der Träger der freien Kinder- und Jugendhilfe entsteht eine Garantenstellung als Beschützergarant aus tatsächlicher Schutzübernahme, die mit Beginn der praktischen Durchführung der Leistung begründet wird. Durch die Delegation von Aufgaben durch die öffentliche Kinder- und Jugendhilfe oder durch die Rechtsbeziehungen des sozial-rechtlichen Dreiecksverhältnisses erlangt die Fachkraft des freien Trägers eine Garantenstellung, die der Garantenstellung der Fachkraft des Jugendamtes inhaltlich weitestgehend entspricht (vgl. BRINGEWAT 2001, S. 60). Eine vertragliche Relevanz zur Begründung der Garantenstellung ergibt sich für freie Träger bzw. deren Fachkräfte durch vertragliche Vereinbarungen im Rahmen des Dreiecksverhältnisses mit dem Jugendamt und den konkreten Klienten, die den tatsächlichen Hilfekontext anzeigen. So besteht nach § 8a Abs. 2 SGB VIII im Rahmen der abzuschließenden Vereinbarungen die Möglichkeit, Umfang und Grenzen der Schutzpflichten mit dem freien Träger als Leistungserbringer festzulegen (vgl. MÜNDER u. a. 2006, § 8a, Rz. 63).
Neben der Übernahme von Garantenpflichten aus vertraglicher Garantenstellung entsteht der freien Jungendhilfe eine eigene, originäre Garantenpflicht aus tatsächlicher Schutzübernahme, die mit Beginn der Leistungsdurchführung nach § 8a SGB VIII eine faktische Schutzverwirklichung zu Gunsten von Kindern und Jugendlichen darstellt (vgl. BRINGEWAT 2006, S. 239).
Zusammenfassend kann in Bezug auf die sozialpädagogischen Fachkräfte der öffentlichen und freien Kinder- und Jugendhilfe gesagt werden, dass beim öffentlichen Träger die Fachkraft je nach begründungstheoretischem Erklärungsansatz im Einzelfall eine Garantenstellung aus Gesetz und aus tatsächlicher Schutzübernahme übernimmt, bei freien Trägern aus Vertrag und tatsächlicher Schutzübernahme mit Beginn der praktischen Durchführung der Maßnahme (vgl. BRINGEWAT 2001, S. 60, S. 95).

In der Grundannahme, dass sich die Position als Beschützergarant durch die Übernahme bestimmter Stellungen und Ämter ergibt, indem die

betreffende Person Schutzpflichten gegenüber einem bestimmten Rechtsgut übernimmt, ist dies auch auf Lehrkräfte gegenüber ihren Schülerinnen und Schülern und auf Ärztinnen und Ärzte gegenüber ihren Patienten zutreffend (vgl. SCHÖNKE u. a. 2006, § 13, Rz. 10). So kommt bei der Übernahme der ärztlichen Behandlung eine Rechtspflicht zum Schutz der Patienten und dadurch eine begründete Garantenstellung zustande (vgl. SCHÖNKE u. a. 2006, § 13, Rz. 28a).
Die ärztliche Behandlung eines Patienten, die einem konkludenten Vertragsabschluss gleichzusetzen ist, kommt der Übernahme der Gewähr für die Sicherheit eines Rechtsguts auf vertraglicher Grundlage gleich. Dabei kommt es allerdings bei der Wirksamkeit der zivilrechtlichen Verpflichtung darauf an, dass die vertraglichen Pflichten zum Tatzeitpunkt tatsächlich übernommen worden sein müssen, wie z. B. die Verpflichtung zur ärztlichen Behandlung (vgl. TRÖNDLE u. a. 2007, § 13, Rz. 7). Bei der freiwilligen Übernahme durch Vertrag, z. B. durch den Arzt, kommt es nicht allein durch den Abschluss des Vertrags zu einer Garantenstellung, sondern in der Regel erst dadurch, dass der Garant in seine Schutzfunktion tatsächlich eintritt und dadurch für den Gefährdeten eine Vertrauensgrundlage schafft (vgl. KÜHL 2007, § 13, Rz. 9).
Wird davon ausgegangen, wie bereits oben erläutert, dass zur Begründung einer Garantenstellung als Beschützergarant die effektive Wahrnehmung einer Schutzfunktion, das Treffen von bestimmten Vorkehrungen zum Schutz sowie das unreflektierte Vertrauen des Schutzbedürftigen gehören, kann die Gründung dieser Garantenstellung sowohl für Lehrkräfte als auch für Ärztinnen und Ärzte angenommen werden. Dies wird neben dem Vertragsabschluss relevant, der zwischen Ärztinnen und Ärzten und ihren Patienten abgeschlossen wird. Jeder Vertrag enthält neben der Hauptpflicht auch immer nebenvertragliche Schutzverpflichtungen, die den Schutz von Leben, Gesundheit, Freiheit, sexueller Selbstbestimmung, Eigentum und sonstigen wichtigen Rechtsgütern umfassen (vgl. PAPENHEIM u. a. 2005, S. 228). In der öffentlichen Schule kommt die Garantenstellung der Lehrer durch Gesetz zustande. Für Lehrer nichtöffentlicher Schulen gilt das Gleiche, was bereits zur Garantenstellung der Ärztinnen und Ärzte gesagt wurde.

Abschließend soll Erwähnung finden, dass zwar bedingt durch die in der Öffentlichkeit und in den Medien gestiegene Auseinandersetzung mit der

Thematik Kindeswohlgefährdung anhand der aktuellen Fälle insbesondere bei sozialpädagogischen Fachkräften eine gesteigerte Wahrnehmung ihres strafrechtlichen Risikos zu erkennen ist, diese Bedrohung durch strafrechtliche Verfolgung aber anhand der tatsächlich äußerst geringen Zahl der strafrechtlichen Verfolgungen eher als Randerscheinung einzustufen ist. In der Angst um eine potenzielle Strafbarkeit scheint diese mit der tatsächlichen Gefahr nicht rückgekoppelt zu sein. Dennoch sind zunehmende Bestrebungen zu erkennen, im Bewusstsein einer zumindest hypothetisch bestehenden Möglichkeit, für ein Fehlverhalten strafrechtlich zur Verantwortung gezogen zu werden, Sicherheit durch fachliche Standards mittels standardisierter Verfahren zu erhalten. Dabei ist allerdings zu bedenken, dass solche Standardisierungen Risiken zwar mindern können, die eigene Verantwortung jedoch erhalten bleibt (vgl. MÜNDER u. a. 2006, § 8a, Rz. 66 ff.).

## 5.2 Zivilrechtliche Folgen

Bei den möglichen zivilrechtlichen Folgen handelt es sich in erster Linie um Schadensersatz, der aus gesetzlichen oder vertraglichen Ansprüchen entsteht. Nach KRÜGER (2008b, S. 653) wird dabei in deliktische Haftung und Haftung aus Vertragsverletzung unterschieden. Bei der deliktischen Haftung hat eine Person dafür einzustehen, wenn ein Schaden aus einer verbotenen Handlung oder einem Unterlassen entstanden ist, z. B aus einer Aufsichtspflichtverletzung resultiert. Bei der Haftung aus Vertragsverletzung muss jemand für einen Schaden einstehen, der dadurch entstanden ist, dass eine Leistung aus einem Vertrag nicht oder nicht hinreichend erbracht wurde.
Nach § 823 Abs. 1 BGB besteht eine Schadensersatzpflicht für denjenigen, der vorsätzlich oder fahrlässig das Leben, den Körper, die Gesundheit, die Freiheit, das Eigentum oder ein sonstiges Recht eines anderen widerrechtlich verletzt. Fahrlässigkeit liegt nach § 276 Abs. 2 BGB immer dann vor, wenn die im Verkehr erforderliche Sorgfalt außer Acht gelassen wurde.

Die Verletzung eines der in § 823 Abs. 1 BGB genannten geschützten Rechtsgüter muss der Handlung des Schädigers zurechenbar sein, wobei

der Begriff der Handlung jedes der Bewusstseinskontrolle und Willenslenkung unterliegende und damit beherrschbare Verhalten umfasst. Hierunter fällt sowohl das aktive Handeln als auch das Unterlassen. Zwischen der Handlung und der Schädigung muss eine Verbindung bestehen, die als haftungsbegründende Kausalität bezeichnet wird (vgl. SCHULZE u. a. 2007, § 823, Rz. 45 f.). Die Zurechnung des Unterlassens als schadensersatzpflichtiges Verhalten setzt eine Garantenstellung voraus. Erst wenn der Unterlassende durch sein „Nichtstun" eine Rechtspflicht zum Tätigwerden verletzt und er tatsächlich in der Lage ist, die Rechtsgutverletzung abzuwenden, ist er für den entstandenen Schaden ersatzpflichtig. Diese Pflicht kann aus der Position eines Beschützergaranten entstehen die, wie bereits erläutert, aus Gesetz, Vertrag oder tatsächlicher Schutzübernahme begründet wird (vgl. SCHULZE u. a. 2007, § 823, Rz. 56 f.). Zu den in Abs. 1 benannten sonstigen Rechten gehören nach SCHULZE u. a. (2007, § 823, Rz. 90) auch die allgemeinen Persönlichkeitsrechte, die als ein einheitliches, umfassendes Recht des Einzelnen gegenüber jedermann auf Achtung seiner Menschenwürde und Entfaltung seiner individuellen Persönlichkeit nach Art. 1 und 2 GG anerkannt werden.
Die Art und der Umfang des Schadensersatzes richten sich nach dem Schaden. Nach § 249 Abs. 1 BGB ist der Zustand herzustellen, der bestehen würde, wenn der zum Ersatz verpflichtende Umstand nicht eingetreten wäre.
Im Falle der Verletzung einer Person oder der Beschädigung einer Sache, kann der Schadensersatz statt der Herstellung auch in Form des erforderlichen Geldbetrags geleistet werden (§ 249 Abs. 2 BGB). Die Voraussetzung für den Anspruch besteht in der Verpflichtung des Schädigers zum Ersatz aufgrund eines haftungsbegründeten Tatbestandes (vgl. SCHULZE u. a. 2007, § 249, Rz. 2).
Immaterielle Schäden, die durch Verletzung des Körpers, der Gesundheit, der Freiheit oder der sexuellen Selbstbestimmung entstehen, können durch billige Entschädigung in Geld ersetzt werden (§ 252 Abs. 2 BGB).

Die Rechtsgrundlage für den öffentlichen Jugendhilfeträger ist § 839 BGB i. V. m. Art 34 GG, da es sich bei dieser Tätigkeit um die Ausübung eines öffentlichen Amtes handelt.

- § 839 BGB: Haftung bei Amtspflichtverletzung:
  „(1) Verletzt ein Beamter vorsätzlich oder fahrlässig die ihm einen Dritten gegenüber obliegende Amtspflicht, so hat er dem Dritten den daraus entstandenen Schaden zu ersetzen. Fällt dem Beamten nur Fahrlässigkeit zur Last, so kann er nur dann in Anspruch genommen werden, wenn der Verletzte nicht auf andere Weise Ersatz zu erlangen vermag. [...]"

- Art. 34 GG: Haftung bei Amtspflichtverletzung:
  „Verletzt jemand in Ausübung eines ihm anvertrauten öffentlichen Amtes die ihm einem Dritten gegenüber obliegende Amtspflicht, so trifft die Verantwortlichkeit grundsätzlich den Staat oder die Körperschaften, in deren Dienst er steht. [...]"

Während § 839 BGB an den staatsrechtlichen Beamtenbegriff anknüpft, erfordert es nach Art. 34 GG lediglich, dass eine Person hoheitlich tätig wird und in öffentlich-rechtlicher Funktionsausübung einen Pflichtverstoß vornimmt. Der Pflichtverstoß kann dabei sowohl durch aktives Tun oder Unterlassen erfolgen (vgl. SCHULZE u. a. 2007, § 839, Rz. 2, 6, 10).
Ansprüche an den öffentlichen Jugendhilfeträger bestehen nur, wenn ein rechtswidriges Handeln vorliegt, sich die Fachkräfte des Jugendamtes nicht an fachliche Standards oder an höchstrichterliche Entscheidungen halten. Außerdem muss zumindest ein fahrlässiges Handeln Grund für den eingetretenen Schaden sein. Für Klagen in Bezug auf Schadensersatz ist der Zivilrechtsweg gegeben (vgl. MÜNDER u. a. 2006, § 1, Rz. 35).
Entsteht nun einer Person durch eine verbeamtete oder angestellte Mitarbeiterin oder einen Mitarbeiter des öffentlichen Trägers durch eine Pflichtverletzung ein Schaden, so haftet nicht die Mitarbeiterin oder der Mitarbeiter selbst, sondern der Anstellungsträger. Allerdings besteht für diesen bei vorsätzlichem oder grob fahrlässigem Handeln die Möglichkeit, einen Rückgriff auf die Beamtin bzw. den Beamten oder die Angestellten bzw. den Angestellten vorzunehmen (vgl. MÜNDER u. a. 2007, Kap. 4.5, Rz. 18 f.). Näheres dazu siehe Punkt 5.3.3 (Regress).
Zu den möglichen Gründen einer Amtspflichtverletzung gehört nach MÜNDER u. a. (2007, Kap. 4.5, Rz. 20) z. B. auch die unzureichende Wahrnehmung von Kontrollaufgaben zum Schutz eines Kindes oder Jugendlichen.

Gegen freie Jugendhilfeträger können ebenfalls zivilrechtliche Ansprüche entstehen, insbesondere wenn sie im Rahmen des jugendhilferechtlichen Dreiecksverhältnisses Leistungen für Personen erbringen, die einen Anspruch auf diese haben. Auch hier können vornehmlich Schadensersatzansprüche in Frage kommen, die sich aus § 278 BGB i. V. m. dem jeweiligen Vertrag zwischen freiem Träger und Klient erschließen. Voraussetzung ist, dass ein rechtswidriges Verhalten vorliegt, das zumindest fahrlässig war und dass ein Schaden eingetreten ist (vgl. MÜNDER u. a. 2006, § 1, Rz. 36). Da zwischen dem freien Träger und dem Leistungsberechtigten ein privatrechtlicher Vertrag besteht, haftet der Träger für durch die Fachkräfte verursachte Schäden.

- § 278 BGB (Verantwortlichkeit des Schuldners für Dritte):
  „Der Schuldner hat ein Verschulden seines gesetzlichen Vertreters und der Personen, deren er sich zur Erfüllung seiner Verbindlichkeit bedient, in gleichem Umfang zu vertreten wie eigenes Verschulden. [...]"

Auch in diesem Fall ist ein Rückgriff auf die Fachkraft möglich, allerdings auch nur bei Vorsatz und grober Fahrlässigkeit (vgl. MÜNDER u. a. 2007, Kap. 4.5, Rz. 25 f.). Schadensersatzansprüche gegenüber dem Anstellungsträger haben immer arbeitsrechtliche Folgen für die angestellten Fachkräfte (vgl. MÜNDER u. a. 2006, § 1, Rz. 38), näheres dazu unter Punkt 5.3 (Arbeitsrechtliche Folgen).
In der Annahme, dass sich für Fachkräfte der behandelten Institutionen öffentliche Kinder- und Jugendhilfe, freie Kinder- und Jugendhilfe, Schule und Ärztinnen und Ärzte Garantenpflichten aus der Position eines Beschützergaranten heraus ergeben, die das Wohl des Kindes oder Jugendlichen als zentral zu schützendes Rechtsgut betreffen, können für diese vier Institutionen zivilrechtliche Folgen in Form von Schadensersatzansprüchen festgestellt werden, wenn ein von ihnen betreutes Kind oder Jugendlicher zu Schaden gekommen ist. Zu berücksichtigen ist dabei, dass das Kind bzw. die oder der Jugendliche über seinen gesetzlichen Vertreter, insbesondere die Eltern oder sonstige gesetzliche Vertreter, den Schadensanspruch geltend machen kann.

Besondere Berücksichtigung soll nun der Schadensersatzanspruch finden, der sich aus einer Aufsichtspflichtverletzung ergibt. Eine Aufsichtspflichtverletzung kann sich aus aktivem Handeln und/oder Unterlassen ergeben, das dann einen Schaden an der zu beaufsichtigenden Person selbst oder einen Schaden durch diese Person an Dritten zur Folge haben kann.

Die Aufsichtspflicht ergibt sich aus § 832 BGB (Haftung bei Aufsichtspflichtigen):

> „(1) Wer kraft Gesetzes zur Führung der Aufsicht über eine Person verpflichtet ist, die wegen Minderjährigkeit oder wegen ihres geistigen oder körperlichen Zustands der Beaufsichtigung bedarf, ist zum Ersatz des Schadens verpflichtet, den diese Person einem Dritten widerrechtlich zufügt. Die Ersatzpflicht tritt nicht ein, wenn er seiner Aufsichtspflicht genügt oder wenn der Schaden auch bei gehöriger Aufsicht entstanden sein würde.
> (2) Die gleiche Verantwortlichkeit trifft denjenigen, welcher die Führung der Aufsicht durch Vertrag übernimmt."

§ 832 BGB richtet sich in erster Linie an Schadensersatzansprüche, die durch den Schaden einer aufsichtsbedürftigen Person an Dritten entstehen. Davon abzugrenzen ist der Fall, wenn die aufsichtsbedürftige Person durch die Aufsichtspflichtverletzung selbst einen Schaden erleidet. In diesem Fall richtet sich der Schadensersatzanspruch nach § 823 BGB.

Durch die Aufsichtspflicht wird der Schutz des Aufsichtsbedürftigen sowie der Allgemeinheit bezweckt. Der Aufsichtspflichtige hat dafür Sorge zu tragen, dass die zu beaufsichtigende Person sich nicht selbst schädigt, keinen anderen schädigt oder durch einen anderen geschädigt wird (vgl. HÖLZL 2004, o. S.). Die aufsichtspflichtige Person haftet gemäß § 832 BGB allerdings nur dann, wenn der eingetretene Schaden ursächlich auf die Aufsichtspflichtverletzung zurückzuführen ist (vgl. MÜNDER u. a. 2007, Kap. 4.5, Rz. 29).

Das Maß der gebotenen Aufsicht wird stets durch den Einzelfall bestimmt. Sie bestimmt sich nach Alter, Eigenart und Charakter des Kindes sowie nach der Voraussehbarkeit des schädigenden Verhaltens sowie danach, was dem Aufsichtspflichtigen in seinem jeweiligen Verhalten zugemutet werden kann. Entscheidend ist letztlich, was ein verständiger Aufsichtspflichtiger nach vernünftigen Anforderungen im konkreten Fall unternehmen muss, um die Schädigung Dritter durch das Kind zu verhindern (vgl. Urteil des Bundesgerichtshofs, zitiert in NJW-RECHTSPRECHUNGS-REPORT

1987, S. 1431). Sie ist also durch kindbezogene und situations- bzw. ortsbezogene Faktoren geprägt.
Bei der Aufsichtspflicht, die aus dem Gesetz entsteht (§ 832 Abs. 1 BGB), kommt es nicht auf ein Einverständnis der Verpflichteten an. Sie trifft insbesondere Eltern, Betreuer, aber auch Lehrer an öffentlichen Schulen gegenüber minderjährigen Schülerinnen und Schülern. Die vertragliche Aufsichtspflicht (§ 832 Abs. 2 BGB) kommt immer dann in Betracht, wenn die Aufsichtsverpflichtung durch eine entsprechende Vereinbarung übertragen wurde und ein tatsächlicher Übergabeakt unter Beteiligung beider Seiten stattgefunden hat. Sie trifft besonders freie Träger (vgl. HÖLZL 2004, o. S.). Dieser Vertrag, der sowohl stillschweigend als auch mündlich oder schriftlich über die Durchführung einer bestimmten Maßnahme abgeschlossen werden kann, begründet das Recht und die Pflicht des Leistungserbringers bzw. des freien Trägers für die Zeitdauer der Maßnahme, die minderjährige Person zu erziehen, zu betreuen und deren Aufenthalt zu bestimmen. Die so entstandene Aufsichtspflicht entspricht in ihrem Ausmaß der der Eltern. Diese Aufgabe wird an die Fachkräfte des freien Trägers delegiert. Tritt nun ein Schadensfall bei der zu beaufsichtigenden Person oder durch diese bei einem Dritten ein, so kann Schadensersatz sowohl beim Träger als auch bei der aufsichtspflichtigen Person selbst geltend gemacht werden (vgl. KRÜGER 2008b, S. 654 f.), da beide als Haftungsadressaten gelten und als Gesamtschuldner haften (vgl. HÖLZL 2004, o. S.). Von der Fachkraft wird verlangt, dass sie den Überblick über das Gesamtgeschehen hat, um bei drohenden Gefahren eingreifen zu können (vgl. MEYSEN 2008, S. 53).

§ 832 BGB erfasst nicht den Bereich der öffentlich-rechtlichen Aufsichtsverhältnisse, also bspw. von öffentlichen Schulen oder kommunalen Kindertagesstätten, wenn der Besuch öffentlich-rechtlich geregelt ist. Die Aufsichtspflicht der öffentlichen Schule ergibt sich aus Art. 7 Abs. 1 GG. Der Inhalt des staatlichen Erziehungsauftrages erstreckt sich auf die Verpflichtung der Schule, der Schulleitung sowie der Lehrkräfte zur Führung der Aufsicht über die Schülerinnen und Schüler. Allerdings beschränkt sie sich nur auf die schulischen Veranstaltungen und die Orte, an welchen sie stattfinden (vgl. HÖLZL 2004, o. S.).

## 5.3 Arbeitsrechtliche Folgen

Die Arbeitsleistung ist die arbeitsvertragliche Hauptpflicht der Arbeitnehmerin oder des Arbeitnehmers. Diese Pflicht wird immer dann verletzt, wenn die Arbeitnehmerin oder der Arbeitnehmer sie nicht oder nur schlecht erbringt (vgl. DÜTZ 2007, Rz. 184).
Diese arbeitsvertragliche Pflicht zu ordnungsgemäßer Aufgabenerledigung orientiert sich an den fachlichen Standards des übertragenen Wirkungskreises. Werden in der sozialen Arbeit fachliche Standards verletzt, kann dies der Verletzung der arbeitsvertraglichen Hauptpflicht gleichkommen und daraus arbeitsrechtliche Folgen entstehen (vgl. MÜNDER u. a. 2007, Kap. 4.5, Rz. 32 f.). Auf die besonderen Regelungen bei Beamtinnen und Beamten soll hier wegen ihrer geringen quantitativen Bedeutung und ihrer erheblichen Komplexität nicht eingegangen werden.
Im Bereich der sozialen Arbeit der Kinder- und Jugendhilfe besteht die aus dem Arbeitsverhältnis mündende Verpflichtung, die für den eigenen Arbeitsbereich geltenden Rechts- und Verwaltungsvorschriften einzuhalten und den Arbeitgeber und Dritte vor Schäden zu bewahren. Zusätzlich ist die Fachkraft an Weisungen des Arbeitgebers gebunden. Die zur Verfügung stehenden Reaktionsmittel des Arbeitgebers bei Verletzung dieser Pflichten sind das Mitarbeitergespräch, das der Klärung dient, der Verweis, der zur Missbilligung ausgesprochen wird, die Abmahnung und die Kündigung (vg. PAPENHEIM u. a. 2005, S. 90). Insbesondere in Betracht kommen diese, wenn durch die Verletzung von fachlichen Standards ein Kind oder Jugendlicher zu Schaden kommt und der Schutzauftrag nach § 8a SGB VIII nicht erfüllt und umgesetzt wurde. Nicht jede Verletzung von fachlichen Standards muss notgedrungen arbeitsrechtliche Konsequenzen nach sich ziehen, besonders dann nicht, wenn keine Kindeswohlgefährdung im Sinne des § 1666 BGB aus ihr resultiert. Im umgekehrten Fall zieht nicht jede Kindeswohlgefährdung arbeitsrechtliche Konsequenzen nach sich, wenn die notwendigen fachlichen Standards eingehalten wurden.
Im Folgenden wird auf die Abmahnung und Kündigung eingegangen sowie auf Regressansprüche seitens des Arbeitgebers, die bei Schadensersatzansprüchen geltend gemacht werden können.

### 5.3.1 Abmahnung

Die Abmahnung dient dem Arbeitgeber als Beanstandung des Arbeitnehmerverhaltens, aus der hervorgehen soll, dass im Wiederholungsfall des pflichtwidrigen Verhaltens das Fortbestehen des Arbeitsverhältnisses gefährdet ist (vgl. ZÖLLNER u. a. 2008, S. 269). In ihr sind verschiedene Funktionen miteinander verbunden. Zum einen soll die Arbeitnehmerin oder der Arbeitnehmer auf die Verfehlungen hingewiesen (Hinweisfunktion) und gleichermaßen zu pflichtgemäßem Verhalten in der Zukunft aufgefordert werden (Ermahnungsfunktion). Darüber hinaus ist mit der Abmahnung die Androhung einer Kündigung im Wiederholungsfall verbunden (Warnfunktion). Die Abmahnung dient auch der Dokumentation der Vorgänge. Durch die Abmahnung kann der Arbeitgeber von seinem Recht als Gläubiger Gebrauch machen und die Fachkraft zu vertragsmäßigem Verhalten in der Zukunft anhalten (vgl. DÜTZ 2007, Rz. 213). Eine Abmahnung ist die Voraussetzung für eine außerordentliche Kündigung aus verhaltensbedingten Gründen (vgl. SCHULZE u. a. 2007, § 626, Rz. 5). So erhält die Arbeitnehmerin oder der Arbeitnehmer die Möglichkeit, das Verhalten zu verändern, so dass eine Kündigung nicht mehr notwendig ist.

### 5.3.2 Kündigung

Arbeitsverhältnisse gelten als Dauerschuldverhältnisse nach dem BGB. Für die Vertragspartner muss die Möglichkeit bestehen, sich von dieser rechtlichen Bindung auch einseitig zu lösen. Das Mittel dazu ist die Kündigung, die als einseitige, empfangsbedürftige Willenserklärung zu verstehen ist (vgl. ZÖLLNER u. a. 2008, S. 263). Sie ist auf die sofortige oder mit Ablauf einer Frist eintretende Beendigung des Arbeitsverhältnisses ausgerichtet. Zu unterscheiden ist in ordentliche und außerordentliche Kündigung, auch fristlose Kündigung genannt (vgl. DÜTZ 2007, Rz. 279). Nach § 623 BGB bedürfen beide Kündigungsformen der Schriftform.
An dieser Stelle wird die außerordentliche Kündigung aufgrund der höheren Relevanz schwerpunktmäßig erläutert. Die ordentliche Kündigung soll nur kurz Erwähnung finden.

Die ordentliche Kündigung stellt den Normalfall der Kündigung dar. Heranzuziehen ist § 620 BGB, Beendigung des Dienstverhältnisses:

> „(1) Das Dienstverhältnis endet mit dem Ablauf der Zeit, für die es eingegangen wurde. [...]"

Durch ordentliche Kündigung kann nur ein auf unbestimmte Zeit eingegangenes Arbeitsverhältnis gekündigt werden, wobei die gesetzlichen Regelungen der Kündigungsfrist nach § 622 BGB beachtet werden müssen. Sie kann beiderseits zum Fünfzehnten oder zum Monatsende erfolgen. Die oder der Kündigende braucht keinen Kündigungsgrund anzugeben, die Kündigung behält auch ohne Angabe eines Grundes ihre volle Wirkung (vgl. ZÖLLNER u. a. 2008, S. 266 f.). Die gesetzliche Kündigungsfrist wird allerdings in der Regel durch eine wesentlich längere Frist, die in Tarif- und/oder Arbeitsverträgen geregelt wird, häufig außer Kraft gesetzt.

Die außerordentliche Kündigung ist auf die sofortige, fristlose Kündigung des Arbeitsverhältnisses gerichtet. Beide Vertragspartner können bei Vorliegen eines wichtigen Grundes das Arbeitsverhältnis ohne Einhaltung einer Frist kündigen (vgl. DÜTZ 2007, Rz. 374). Im Gegensatz zur ordentlichen Kündigung ist die außerordentliche Kündigung sowohl auf unbefristete als auch auf befristete Arbeitsverhältnisse anwendbar (vgl. ZÖLLNER u. a. 2008, S. 268).

Ein wichtiger Grund liegt immer dann vor, wenn dem kündigenden Vertragsteil, unter Berücksichtigung aller Umstände des Einzelfalls und unter Abwägung der beiderseitigen Interessen, die Fortsetzung des Arbeitsverhältnisses bis zum Ablauf der ordentlichen Kündigungsfrist oder bis zu der vereinbarten Beendigung des Arbeitsverhältnisses nicht zugemutet werden kann (§ 626 Abs. 1 BGB). Mögliche Gründe können auf Arbeitgeberseite das Verschulden des Dienstverpflichteten bei Vertragsabschluss, beharrliche Arbeitsverweigerung, wiederholte Unpünktlichkeit, Straftaten, Vortäuschen von Erkrankungen, Urlaubsüberschreitungen, sexuelle Belästigung und Verrat von Betriebsgeheimnissen sein. Auf Arbeitnehmerseite kommen Gründe wie erheblicher Lohnrückstand, Verletzung der Fürsorgepflichten des Arbeitgebers, Beleidigungen und Verdächtigungen in Betracht (vgl. SCHULZE u. a. 2007, § 626, Rz. 5). Hierzu hat eine Prüfung in zwei Schritten stattzufinden: Ist erstens der Sachverhalt an sich geeignet, einen wichtigen Grund abzugeben und ist zweitens die Weiter-

beschäftigung bis zum Ablauf der ordentlichen Kündigungsfrist nicht mehr zumutbar (vgl. DÜTZ 2007, Rz. 387 ff.).
In erster Linie kommen nur grobe Pflichtverletzungen in Frage. Die einmalige Verletzung von Pflichten reicht nicht aus, wenn keine Wiederholungsgefahr besteht. Eine außerordentliche Kündigung setzt bei wiederholtem pflichtwidrigen Verhalten, das einzeln betrachtet keinen wichtigen Grund darstellen würde, eine rechtzeitige Abmahnung durch den Arbeitgeber voraus, aus der eine Beanstandung des Arbeitnehmerverhaltens deutlich werden muss sowie die Gefährdung des Fortbestands des Arbeitsverhältnisses im Wiederholungsfall (vgl. ZÖLLNER u. a. 2008, S. 269).
Eine außerordentliche Kündigung kann aus verschiedenen Gründen gerechtfertigt sein. Für unseren Zweck sind in erster Linie nur die verhaltensbedingten Gründe relevant. Zu diesen Gründen gehören vor allem die schuldhafte, schwerwiegende Vertragsverletzung durch die Arbeitnehmerin oder den Arbeitnehmer (vgl. DÜTZ 2007, Rz. 392).
Die Kündigung kann nur innerhalb von zwei Wochen erfolgen. Die Frist beginnt mit dem Zeitpunkt, an dem die oder der Kündigungsberechtigte von den für die Kündigung maßgeblichen Tatsachen Kenntnis erlangt (§ 626 Abs. 2 BGB). Da die Kündigung ohne Einhaltung einer Kündigungsfrist von beiden Vertragspartnern eingereicht werden kann, tritt die Auflösung des Arbeitsverhältnisses zu dem Zeitpunkt ein, zu dem die Kündigungserklärung wirksam wird, in der Regel mit dem Zugang beim Gekündigten (vgl. ZÖLLNER u. a. 2008, S. 275).
Dem Anstellungsträger steht je nach Schwere der Verletzung der fachlichen Standards entweder das Mittel der ordentlichen oder außerordentlichen Kündigung zur Verfügung.

### 5.3.3 Regress

Unter Regress ist der zivilrechtliche Rückgriffsanspruch des Arbeitgebers zu verstehen, den er an die angestellte Fachkraft richten kann, wenn durch deren Verhalten ein Schaden an Dritten entstanden ist und diese einen Schadensersatzanspruch an den Anstellungsträger stellen.
Allerdings besteht nur bei vorsätzlichem oder grob fahrlässigem Handeln die Möglichkeit, einen Rückgriff bei der Angestellten bzw. dem Angestellten im öffentlichen Dienst vorzunehmen (vgl. MÜNDER u. a. 2007, Kap. 4.5, Rz. 18 f.). Unter grober Fahrlässigkeit wird ein besonders rück-

sichtsloses, leichtsinniges und verantwortungsloses Verhalten verstanden. Nur dann muss der entstandene Schaden ganz ersetzt werden. Keine Ersatzpflicht besteht, wenn der Schaden durch leicht fahrlässiges Handeln entstanden ist. Liegt eine mittlere Fahrlässigkeit vor, wird der Schaden nach Billigungs- und Zumutbarkeitserwägungen aufgeteilt. Zusätzlich tritt eine Beschränkung der Haftung immer dann ein, wenn die der Arbeitnehmerin oder dem Arbeitnehmer übertragene Verantwortung in keinem Verhältnis zu ihrem oder seinem Gehalt steht und der zu ersetzende Schaden existenzbedrohende Qualität hat (vgl. PAPENHEIM u. a. 2005, S. 91).

Im Bereich der Kinder- und Jugendhilfe ergibt sich für den öffentlichen Träger der Regressanspruch aus Art. 34 Satz 2 GG (Haftung bei Amtspflichtverletzung):

> „[...] Bei Vorsatz oder grober Fahrlässigkeit bleibt der Rückgriff vorbehalten. [...]“

Bei angestellten Fachkräften der freien Träger ergibt sich dieser Anspruch aus dem Arbeitsvertrag (vgl. MÜNDER u. a. 2006, § 1, Rz. 37).

# 6. Schlussbetrachtung

Mit dieser Veröffentlichung wurde das Ziel verfolgt, auf der Basis der jeweiligen rechtlichen Grundlagen die handlungsleitenden Konzepte der öffentlichen und freien Träger der Kinder- und Jugendhilfe, der Schule und von (Kinder-) Ärztinnen und Ärzten zum Schutz von Kindern und Jugendlichen vor Gefahren für ihr Wohl darzustellen.

Nachdem grundlegende rechtliche Bestimmungen aufgezeigt wurden, lag der Schwerpunkt auf der Darstellung der berufsspezifischen Handlungsmöglichkeiten und -pflichten, die zur Bekämpfung von Kindeswohlgefährdung von der jeweiligen Fachkraft im entsprechenden Hilfekontext ergriffen werden können bzw. sollen. Die besondere Schwierigkeit im Kinderschutz liegt in der Unbestimmtheit der Begriffe „Kindeswohl" und „Kindeswohlgefährdung", die zwar an vielen Stellen der materiellen und Verfahrensgesetze genannt, aber durch den Gesetzgeber nicht näher definiert sind. Aus diesem Grund wurde nach der Nennung der grundlegenden rechtlichen Bestimmungen eine Operationalisierung dieser Begriffe vorgenommen, um eine Orientierung über das Spektrum einer Gefährdung des Kindeswohls zu geben.
Neben der Darstellung der spezifischen Handlungsmöglichkeiten und -pflichten wurden Anknüpfungspunkte für eine mögliche Kooperation aufgezeigt, wie sie im vorhandenen rechtlichen Rahmen denkbar wären. Besondere Berücksichtigung fand dabei eigens die Thematik des Datenschutzes, der im Rahmen einer Kooperation eine zentrale Rolle einnimmt. Effektiver Kinderschutz bedarf der Kommunikation und des Austauschs von Informationen. Demgegenüber steht der funktionale Schutz des Vertrauensverhältnisses, auf dem eine erfolgversprechende Hilfemaßnahme beruht.
Den Abschluss bildet die Erörterung der rechtlichen Konsequenzen, die in Frage kommen können, wenn unter der Betreuung durch eine Fachkraft ein Kind oder Jugendlicher zu Schaden oder zu Tode kommt.

Es wird deutlich, dass im Gesamtkomplex des Kinderschutzes eine Reihe von unbestimmten Rechtsbegriffen und Verfahrensvorschriften zu berücksichtigen sind, die nicht mit konkretem Inhalt gefüllt sind, sondern der Auslegung bedürfen. Allein der Begriff des Kindeswohls bzw. der Kindeswohlgefährdung ist stark auslegungsbedürftig. An dieser Stelle verdeutlicht sich das Dilemma im Kinderschutz. Die Bestimmung einer tatsächlichen Kindeswohlgefährdung unterliegt im konkreten Einzelfall definitorischen Schwierigkeiten, nicht zuletzt auch durch die Auslegung der einzelnen Fachkräfte, die immer durch eigene Sozialisationserfahrungen geprägt sind. Hinzu kommt, dass nach SEITHE (2001, S. 89 ff.) für die Sicherstellung des Kindeswohls lediglich eine ausreichende Erfüllung der dazu notwendigen Bedingungen erforderlich ist. Es gilt im Einzelfall also unter Berücksichtigung der jeweiligen Lebens- und Milieubedingungen zu klären, wann noch ausreichende Bedingungen vorliegen und wann nicht mehr.

Die Entwicklung von fachlichen Standards soll bei der Entscheidung helfen, wann eine Kindeswohlgefährdung vorliegt. Allerdings muss Erwähnung finden, dass auch in der Diskussion der sozialpädagogischen Profession noch kein Konsens besteht, was unter fachlichen Standards zu verstehen ist (vgl. MÜNDER u. a. 2006, § 1, Rz. 32), also auch zu diesen Begrifflichkeiten noch Klärungs- und Bestimmungsbedarf besteht. Als fachlicher Mindeststandard kann im Sinne dieser Veröffentlichung die Einhaltung der Verfahrensschritte nach § 8a SGB VIII betrachtet werden, wie z. B. das Zusammenwirken mehrerer Fachkräfte und das Einbeziehen der Eltern und Kinder/Jugendlichen. Eine sinnvolle Orientierung insbesondere für Fachkräfte der öffentlichen Kinder- und Jugendhilfe, aber auch für alle anderen interessierten bzw. beteiligten Fachkräfte, stellt das „Handbuch Kindeswohlgefährdung nach § 1666 BGB und Allgemeiner Sozialer Dienst (ASD)“ des Deutschen Jugendinstituts, herausgegeben von KINDLER, LILLIG, BLÜML, MEYSEN und WERNER (2006) dar, das in prägnanter Weise Antworten auf relevante Fragen zu rechtlichen Grundlagen und Vorgehen bei Kindeswohlgefährdung gibt.

Nach Meinung der Verfasserin kommt der öffentlichen Kinder- und Jugendhilfe im Kinderschutz eine besondere koordinatorische Bedeutung zu. Neben der verfassungsrechtlich begründeten Position des Jugendamtes als staatlicher Wächter, kommt der öffentlichen Kinder- und Jugendhilfe durch die Ausgestaltung des SGB VIII sozusagen die Funktion eines „Dreh- und Angelpunktes“ zu, an dem sowohl Interventions- als auch Ko-

operationsbestrebungen zusammenlaufen. Besonders die §§ 1, 2 und 8a SGB VIII sind hier zu nennen, die einen effektiven Kinderschutz einleiten und sicherstellen sollen. Im Rahmen des staatlichen Wächteramtes der Kinder- und Jugendhilfe ist ein vorrangiges Ziel, Kinder und Jugendliche vor Gefahren für ihr Wohl zu schützen. Im Rahmen der Gesamtverantwortung der Jugendhilfeplanung des Jugendamtes hat die öffentliche Jugendhilfe hierzu Querschnittsaufgaben zu erfüllen, Angebote zum Kinderschutz vorzuhalten und mit freien Trägern sowie anderen Stellen und öffentlichen Einrichtungen zusammenzuarbeiten. Insbesondere den freien Trägern kommt durch die Verpflichtung des Jugendamtes zum Abschluss von Vereinbarungen zum Kinderschutz seit der Einführung von § 8a SGB VIII eine gesteigerte Bedeutung zu. An dieser Stelle wird der Ansatz zu einer Kooperation im Kinderschutz zwischen freien und öffentlichen Trägern gesetzlich begründet und konkretisiert.
Denkbare Anknüpfungspunkte zur Ausgestaltung einer Kooperation mit dem Bereich Schule stellen zum einen die Schulsozialarbeit und schulbezogene Angebote der Kinder- und Jugendhilfe dar. Zum anderen besteht aber auch die Möglichkeit, direkt Kooperationsvereinbarungen für eine gelingende Kooperation abzuschließen, die zur Thematik Kindeswohlgefährdung Regelungen und Absprachen festlegen (vgl. SCHMITT 2008, S. 517 ff.). Weiterführende Literatur zu dieser Thematik bieten die Handbücher zur Kooperation von Jugendhilfe und Schule, die 2008 von HENSCHEL, KRÜGER, SCHMITT und STANGE sowie 2004 von HARTNUß und MAYKUS herausgegeben wurden, die auch „Best Practice"-Beispiele aufzeigen.

Mit der Einführung von Arbeitsgemeinschaften, Runden Tischen und Vernetzungskonferenzen besteht die Möglichkeit, dass alle in dieser Veröffentlichung behandelten Bereiche erfasst werden können, insbesondere der Bereich der medizinischen Versorgung durch Ärztinnen und Ärzte. Nach § 78 SGB VIII soll der öffentliche Träger die Bildung von Arbeitsgemeinschaften mit freien Trägern und anderen Trägern geförderter Maßnahmen anstreben. In den Arbeitsgemeinschaften soll darauf hingewirkt werden, dass die geplanten Maßnahmen aufeinander abgestimmt werden und sich gegenseitig ergänzen. Durch die Einladung von bspw. Vertretern der Gerichte, der Polizei, der Schulen sowie von Ärztinnen und Ärzten zu diesen Veranstaltungen, können gemeinsam mit der (öffentlichen und freien) Jugendhilfe einheitliche Standards und Handlungsabläufe erarbeitet sowie konkrete Ansprechpartner festgelegt werden, die im Verdachtsfall kontaktiert werden können. Auch die Durchführung von gemeinsamen Fortbildungen von Fachkräften des Jugendamtes und der freien Träger zur Ausgestaltung des Schutzauftrages kann im Kooperationsprozess hilfreich sein. Auf diese Weise könnte regional ein kooperatives Netzwerk zum Kinderschutz installiert werden, in dem Verbindlichkeiten und Aufgaben für alle Beteiligten transparent gestaltet werden, um schnellstmöglich bei Kindeswohlgefährdung intervenieren zu können. Auch die in § 81 SGB VIII für den öffentlichen Jugendhilfeträger normierte Zusammenarbeit mit anderen Stellen und öffentlichen Einrichtungen weist in diese Richtung.

Wird das Jugendamt als öffentlicher Kinder- und Jugendhilfeträger als „Schaltzentrale“ im Kinderschutz betrachtet, erhält der Bereich der Öffentlichkeitsarbeit eine zunehmend stärkere Bedeutung, damit bekannt wird, an wen sich im Falle einer Kindeswohlgefährdung gewendet werden kann. Durch eine geeignete Öffentlichkeitsarbeit sowohl im Hinblick auf betroffene Menschen, die einen Hilfebedarf haben als auch mit Blick auf Dritte (Menschen aus dem sozialen Nahraum), sollte das Wissen über die Möglichkeiten und Angebote der Jugendhilfe erweitert und somit Transparenz in Bezug auf die Standards des Handelns im Jugendamt geschaffen werden. Das Jugendamt tritt dabei als qualifizierte Fachbehörde auf, die Hilfe und Schutz von Kindern und Jugendlichen organisiert. Öffentlichkeitsarbeit beinhaltet dabei eine kontinuierliche Informationspolitik und Aufklärung. Es gilt, die Öffentlichkeit für das Thema Kinderschutz zu sensibilisieren und Möglichkeiten der Unterstützung bekannt zu machen. Ebenso ist von Bedeutung, bestehende Schwellenängste abzubauen und eine Verbesserung des Images der Jugendhilfe zu erreichen (vgl. BATHKE 2007, S. 47). Neben der Sensibilisierung ist die Aufklärung betreibende Öffentlichkeitsarbeit auch auf fachlicher Ebene mit freien Trägern, Schulen und Ärztinnen/Ärzten durchzuführen, um diese auf ihre Handlungsmöglichkeiten aufmerksam zu machen.

Für eine erfolgreiche Kooperation mit und zwischen allen beteiligten Institutionen stellt die Bereitschaft der öffentlichen Kinder- und Jugendhilfe, sich nach außen zu öffnen und präsent zu sein, einen wichtigen Faktor dar. Durch ein offensives, auf Partnerschaft angelegtes Zugehen auf relevante Institutionen, die für die Lebenssituation von Kindern und Jugendlichen bedeutend sind, können Kooperationsbestrebungen angekurbelt und am Laufen gehalten werden. Der Erfolg dieses Vorgehens ist nicht nur von der Bereitschaft des Jugendamtes als Institution bzw. Organisation abhängig, sondern auch von der Bereitschaft der einzelnen Fachkräfte.

Wichtig zur Eröffnung neuer Felder und Spielräume im Kinderschutz sind ein offenes Klima und der Dialog der Beteiligten. Erst durch die Bereitschaft, sich aktiv einzubringen und sich über die spezifischen Rahmenbedingungen, Aufgaben, Grundhaltungen, Ziele, Befugnisse und Handlungsformen der verschiedenen Kooperationspartner auszutauschen, wird Vertrauen geschaffen und die Basis für eine gelungene Kooperation bereitet (vgl. BLANK u. a. 2004, S. 120 ff.).

An dieser Stelle soll auf ein weiteres Problem der öffentlichen Kinder- und Jugendhilfe hingewiesen werden. Durch zunehmend leere Kassen der öffentlichen Hand gerät die Kinder- und Jugendhilfe unter den Druck, Einsparungen vornehmen zu müssen. Das bedeutet, dass bei der Gewährung von Hilfemaßnahmen zunehmend monetäre Gründe berücksichtigt werden, die u. U. negativen Einfluss auf die Wahl geeigneter Leistungen nehmen. Dies findet trotz bekannter Rechtswidrigkeit statt. Ein effektiver Kinderschutz bedarf ausreichender Ressourcen, sowohl materieller als auch personeller Art, wenn er nicht ins Leere laufen soll. Auch in diesem Bereich kann durch gezielte Öffentlichkeitsarbeit auf die politische Ebene Druck ausgeübt werden, der möglicherweise zu einem Umschwenken im politischen Vorgehen führt.

Die vorliegende Veröffentlichung berücksichtigt die bis dato geltenden rechtlichen Bestimmungen. Daher soll an dieser Stelle ein Ausblick auf eine Gesetzesänderung gegeben werden, die direkt Einfluss auf Maßnahmen im Kinderschutz nehmen wird. Aktuell wird im Bundestag und Bundesrat ein Gesetzentwurf zur Erleichterung familiengerichtlicher Verfahren bei Gefährdungen des Kindeswohls (§ 1666 BGB) beraten und diskutiert. Im März 2006 hat die Bundesministerin der Justiz eine Arbeitsgruppe zu familiengerichtlichen Maßnahmen bei Kindeswohlgefährdung ins Leben gerufen, deren Arbeitsergebnisse als Grundlage zum genannten Gesetzentwurf dienen. Ziel des Entwurfs ist die Verbesserung des Schutzes von gefährdeten Kindern, der durch eine entsprechende Aus-

gestaltung der materiell-rechtlichen (BGB) und verfahrensrechtlichen Vorschriften (FGG) zu familiengerichtlichen Kinderschutzverfahren erreicht werden soll. Die Grundzüge der Gesetzesänderung zu § 1666 BGB sehen vor, dass die Voraussetzungen des elterlichen Erziehungsversagens (missbräuchliche Ausübung der elterlichen Sorge, Vernachlässigung, unverschuldetes Versagen der Eltern) gestrichen werden sollen und eine nicht abschließende, beispielhafte Aufzählung möglicher Rechtsfolgen in § 1666 BGB aufgenommen wird. Bestehen bleibt als Voraussetzung die Schwelle der Kindeswohlgefährdung und dass Eltern nicht bereit oder in der Lage sind, die Gefahr abzuwenden.
In § 1696 BGB soll aufgenommen werden, dass in Kindeswohlverfahren das Gericht in einem angemessenen Zeitraum seine Entscheidung zu überprüfen hat, wenn von der konkreten Anordnung von Maßnahmen abgesehen worden ist.
Im verfahrensrechtlichen Bereich des FGG sollen zwei neue Bestimmungen eingefügt werden, die zum einen ein Vorrangs- und Beschleunigungsgebot in Verfahren bei Kindeswohlgefährdungen und zum anderen ein Erörterungsgespräch mit betroffenen Eltern vorsehen (siehe hierzu DEUTSCHER BUNDESTAG 2007). Zusammenfassend ist das Ziel des Gesetzentwurfs, dass Familiengerichte künftig früher eingreifen können, die frühzeitige Einschaltung den Hilfeprozess fördern und damit den Schutz von Kindern verbessern soll und dass Familiengerichte frühzeitiger und stärker auf die Eltern einwirken können, damit diese öffentliche Hilfen zur Stärkung ihrer Elternkompetenz annehmen (vgl. RÖCHLING 2007, S. 1776).

Mit der Einführung des § 8a SGB VIII wurde eine konkrete Grundlage geschaffen, dass im Kinderschutz öffentliche und freie Träger enger miteinander zusammenarbeiten. Allerdings stellt sich die Frage, inwieweit die Umsetzung der gesetzlichen Änderung nach der Novellierung vom 1.10.2005 in der Praxis vorangeschritten ist. Generell kann davon ausgegangen werden, dass gesetzliche Änderungen eine gewisse Zeit brauchen, bis sie auf der Ebene der Praxis „angekommen“ sind, diese also zeitverzögert umgesetzt werden. Anhand von weiterführenden Untersuchungen wäre es interessant festzustellen, inwieweit öffentliche Träger mittlerweile Vereinbarungen mit freien Trägern abgeschlossen haben und ob diese in ihren Einrichtungen und Diensten Fachkräfte zum Kinderschutz fortgebildet haben und bereitstellen. Die Vermutung liegt nahe, dass noch keine flächendeckende Umsetzung stattgefunden hat.

Es wird deutlich geworden sein, dass für jeden der dargestellten Bereiche Möglichkeiten zur Intervention bei einer drohenden oder akuten Kindeswohlgefährdung bestehen. Bei allem Verständnis für die durch die öffentliche Diskussion und die mediale Berichterstattung ausgelöste Forderung nach mehr und verstärkten Maßnahmen der Jugendämter zum Schutz von Kindern und Jugendlichen will die Verfasserin deutlich machen, dass viele der schockierenden Fälle von Kindeswohlgefährdung bereits im Vorfeld verhindert worden sein könnten, wenn alle Beteiligten frühzeitig die ihnen zur Verfügung stehenden Schritte eingeleitet hätten. Doch neben fundierten Kenntnissen über eigene Handlungsmöglichkeiten oder auch -pflichten gehört auch die Bereitschaft dazu, diese umzusetzen, auch wenn dies mit persönlichem Unbehagen und Ängsten vor konfliktreichem Kontakt mit den betroffenen Eltern verbunden ist. Insbesondere in den Bereichen der Schulen und Ärztinnen und Ärzte, aber auch bei Einrichtungen und Diensten vieler freier Träger, ist die Aufklärung über die speziellen Handlungsmöglichkeiten wichtig und notwendig, um Befürchtungen und Unsicherheiten der Fachkräfte zu reduzieren und die Bereitschaft zu wecken, sich persönlich verantwortlich zu fühlen und einzubringen.

## Literaturverzeichnis

**AMELANG, Manfred/ KRÜGER, Claudia:** Misshandlung von Kindern. Gewalt in einem sensiblen Bereich. Darmstadt 1995

**BATHKE, Sigrid:** Vereinbarungen als Basis für Kooperation zwischen öffentlichen und freien Trägern der Jugendhilfe. In: Jordan, Erwin (Hrsg.): Kindeswohlgefährdung. Rechtliche Neuregelungen und Konsequenzen für den Schutzauftrag der Kinder- und Jugendhilfe. Weinheim/München 2007, 2. Auflage

**BAUER, Jost/ SCHIMKE, Hans-Jürgen/ DOHMEL, Wolfgang:** Recht und Familie. Rechtliche Grundlagen der Sozialisation. Neuwied, Kriftel. 2001, 2. Auflage

**BLANK, Udo/ DEEGENER, Günther** Kooperation und Vernetzung von Institutionen zur Abschätzung der Risiko- und Schutzfaktoren bei Kindeswohlgefährdung. In: DIJuF - Deutsches Jugendinstitut für Jugendhilfe und Familienrecht e.V. (Hg.): Verantwortlich handeln - Schutz und Hilfe bei Kindeswohlgefährdung. Saarbrücker Memorandum. Köln 2004

**BRINGEWAT, Peter:** Sozialpädagogische Familienhilfe und strafrechtliche Relevanz. Stuttgart 2000

**BRINGEWAT, Peter:** Tod eines Kindes. Soziale Arbeit und strafrechtliche Risiken. Baden-Baden 2001, 2. Auflage

**BRINGEWAT, Peter:** Grundbegriffe des Strafrechts. Grundlagen – Allgemeine Verbrechenslehre – Aufbauschemata. Baden-Baden 2003

**BRINGEWAT, Peter:** Schutzauftrag bei Kindeswohlgefährdung (§ 8a SGB VIII) und strafrechtliche Garantenhaftung in der Kinder- und Jugendhilfe. In: Kindschaftsrecht und Jugendhilfe 5/2006

**Deutscher Bundestag:** Gesetzentwurf der Bundesregierung. Entwurf eines Gesetzes zum qualitätsorientierten und bedarfsgerechten Ausbau der Tagesbetreuung und zur Weiterentwicklung der Kinder- und Jugendhilfe (Tagesbetreuungsausbaugesetz – TAG). Drucksache 15/3676 vom 06.09.2004.
In: http://dip.bundestag.de/btd/15/036/1503676.pdf (10.06.2008)

**Deutscher Bundestag:** Gesetzentwurf der Bundesregierung. Entwurf eines Gesetzes zur Erleichterung familiengerichtlicher Maßnahmen bei Gefährdung des Kindeswohls. Drucksache 16/6815 vom 24.10.2007.
In: http://dip21.bundestag.de/dip21/btd/16/068/1606815.pdf (20.05.2008)

**Deutsches Jugendinstitut:** Indikatoren für Kindeswohlgefährdung: Die Forschungslage. Vortrag bei der bke-Fachtagung „Kindesschutz und Beratung" am 07.11.2006.
In: http://bke.de/content/application/explorer/public/bke-tagung/rueckblick-kassel/kindler---fachtagung--kindesschutz-und-Beratung-07.11.06-Kassel.pdf (05.05.2008)

**Deutscher Städtetag:** Strafrechtliche Relevanz sozialarbeiterischen Handelns. Empfehlung zur Festlegung fachlicher Verfahrensstandards in den Jugendämtern bei akut schwerwiegender Gefährdung des Kindeswohls. 2003. In: http://www.dijuf.de/german/jamt.html (10.06.2008)

**Dütz, Wilhelm:** Arbeitsrecht. München 2007, 12. Auflage

**Emig, Olaf:** Der vermeidbare Tod eines Kleinkindes unter staatlicher Fürsorge. In: Neue Praxis. Zeitschrift für Sozialarbeit, Sozialpädagogik und Sozialpolitik. 5/2007

**Faltermeier, Josef:** Kindesmisshandlung. In: Deutscher Verein für öffentliche und private Fürsorge (Hg.): Fachlexikon der sozialen Arbeit. Frankfurt a. M. 2002, 5. Auflage

**Gehrmann, Jochen:** Kindeswohlgefährdung aus ärztlicher Sicht. In: Jugendhilfe. 45. Jahrgang. 4/2007

**GERBER, Christine:** Was ist bei einer Kindeswohlgefährdung in Abgrenzung zum ASD der Aufgabenbereich der Polizei? In: Kindler, Heinz/ Lillig, Susanna/ Blüml, Herbert/ Meysen, Thomas/ Werner, Annegret (Hrsg.): Handbuch Kindeswohlgefährdung nach § 1666 BGB und Allgemeiner Sozialer Dienst (ASD). München 2006

**GÜNDER, Richard:** Hilfen zur Erziehung. Eine Orientierung über die Erziehungshilfen im SGB VIII. Freiburg im Breisgau 1999

**HARNACH, Viola:** Psychosoziale Diagnostik in der Jugendhilfe. Grundlagen und Methoden für Hilfeplan, Bericht und Stellungnahme. Weinheim/München 2007, 5. Auflage

**HARTNUß, Birger/ MAYKUS, Stephan:** Handbuch Kooperation von Jugendhilfe und Schule. Ein Leitfaden für Praxisreflexionen, theoretische Verortungen und Forschungsfragen. Berlin 2004

**HENSCHEL, Angelika/ KRÜGER, Rolf/ SCHMITT, Christof/ STANGE, Waldemar:** Jugendhilfe und Schule. Handbuch für eine gelingende Kooperation. Wiesbaden 2008

**HÖLZL, Alfons:** Ich kann doch nicht überall sein! - Was jede/r über Aufsichtspflicht wissen sollte. 2004
In: http://www.familienhandbuch.de/cmain/f_Fachbeitrag/a_Rechtsfragen/s_1012.html (29.07.2008)

**HUNDSALZ, Andreas:** Erziehungsberatung. In: Birtsch, Vera/ Münstermann, Klaus/ Trede, Wolfgang (Hrsg.): Handbuch Erziehungshilfen. Leitfaden für Ausbildung und Praxis. Münster 2001

**INTERDISZIPLINÄRE KINDERSCHUTZGRUPPE DES KLINIKUM KASSEL:** Vorgehen bei Kindesmisshandlung und -vernachlässigung. Konzept & Reader der ärztlichen Kinderschutzambulanz und interdisziplinären Kinderschutzgruppe des Klinikum Kassel. Kassel 2008, 2. Auflage
In: http://www.kindesmisshandlung.de/mediapool/32/328527/data/KSG-Leitfaden-Gesamt-2008.pdf (17.06.2008)

**JORDAN, Erwin:** Kindeswohlgefährdung im Spektrum fachlicher Einschätzungen und rechtlicher Rahmenbedingungen. In: Jordan, Erwin (Hrsg.): Kindeswohlgefährdung. Rechtliche Neuregelungen und Konsequenzen für den Schutzauftrag der Kinder- und Jugendhilfe. Weinheim/München 2007, 2. Auflage.

**KINDHÄUSER, Urs/ NEUMANN, Ulfried/ PAEFFGEN, Hans-Ullrich:** Strafgesetzbuch. Band 2. Baden-Baden 2005, 2. Auflage

**KINDLER, Heinz/ LILLIG, Susanna/ BLÜML, Herbert/ MEYSEN, Thomas/ WERNER, Annegret:** Handbuch Kindeswohlgefährdung nach § 1666 BGB und Allgemeiner Sozialer Dienst (ASD). München 2006

**KRECH, David/ CRUTCHFIELD, Richard S.:** Grundlagen der Psychologie. Studienausgabe. Augsburg 2006

**KRILLE, Thomas:** Kindeswohl und Kindeswohlgefährdung. In: VAK - Bundesverband Anwalt des Kindes. 2003 In: http://www.v-a-k.de/ index. php?id =213&savesearch=Kindeswohl (05.02.2007)

**KRÜGER, Rolf/ ZIMMERMANN, Gerhard:** Hilfen zur Erziehung. Rechtliche Strukturen und sozialarbeiterische Konzepte. Berlin 2006, 2. Auflage

**KRÜGER, Rolf:** Probleme des Datentransfers zwischen Jugendhilfe und Schule. In: Henschel, Angelika/ Krüger, Rolf/ Schmitt, Christof/ Stange, Waldemar (Hrsg.): Jugendhilfe und Schule. Handbuch für eine gelingende Kooperation. Wiesbaden 2008a

**KRÜGER, Rolf:** Zivilrechtliche Haftungsrisiken bei der Zusammenarbeit von Schule und Jugendhilfe. In: Henschel, Angelika/ Krüger, Rolf/ Schmitt, Christof/ Stange, Waldemar (Hrsg.): Jugendhilfe und Schule. Handbuch für eine gelingende Kooperation. Wiesbaden 2008b

**Krüger, Stefanie:** Die „Münchner Grundvereinbarung zum Schutzauftrag bei Kindeswohlgefährdung nach § 8a und § 72a SGB VIII“ - Ein gesetzlicher Auftrag nimmt Gestalt an. In: Das Jugendamt. Zeitschrift für Jugendhilfe und Familienrecht. 80. Jahrgang. 9/2007

**Kühl, Kristian:** Strafgesetzbuch. Kommentar.
München 2007, 26. Auflage

**Kunkel, Peter-Christian:** Sozialgesetzbuch VIII. Kinder- und Jugendhilfe. Lehr- und Praxiskommentar. Baden-Baden 2006, 3. Auflage

**Kunkel, Peter-Christian:** 2 Jahre Schutzauftrag nach § 8a SGB VIII.
In: ZKJ. Zeitschrift für Kindschaftsrecht und Jugendhilfe. 2/2008

**Meysen, Thomas:** Kooperation beim Schutzauftrag: Datenschutz und strafrechtliche Verantwortung - alles rechtens?. ISA Forschungsprojekt „Vereinbarungen zum Kinderschutz nach § 8a SGB VIII“. (o. J.)
In: www.kinderschutz.de/Expertisen/Expertise%20Thomas%Meysen.pdf (29.04.2008)

**Meysen, Thomas:** Welche Bedeutungen haben im Fall von Kindeswohlgefährdung die Datenschutzbestimmungen? In: Kindler, Heinz/ Lillig, Susanna/ Blüml, Herbert/ Meysen, Thomas/ Werner, Annegret (Hrsg.): Handbuch Kindeswohlgefährdung nach § 1666 BGB und Allgemeiner Sozialer Dienst (ASD). München 2006

**Meysen, Thomas:** Das Recht zum Schutz von Kindern. In: Institut für Sozialarbeit und Sozialpädagogik (Hrsg.): Vernachlässigte Kinder besser schützen. Sozialpädagogisches Handeln bei Kindeswohlgefährdung. München 2008

**Münder, Johannes:** Kinder- und Jugendhilferecht. Eine sozialwissenschaftlich orientierte Darstellung. München 2004, 5. Auflage

**Münder, Johannes:** Familienrecht. Eine sozialwissenschaftlich orientierte Darstellung. Neuwied 2005, 5. überarbeitete Auflage

**Münder, Johannes u. a.:** Frankfurter Kommentar zum SGB VIII: Kinder- und Jugendhilfe. Weinheim/München 2006, 5. Auflage

**Münder, Johannes:** Vereinbarungen zwischen den Trägern der öffentlichen Jugendhilfe und den Trägern von Einrichtungen und Diensten nach § 8a SGB VIII. In: Jordan, Erwin (Hrsg.): Kindeswohlgefährdung. Rechtliche Neuregelungen und Konsequenzen für den Schutzauftrag der Kinder- und Jugendhilfe. Weinheim/München 2007, 2. Auflage

**Münder Johannes/ Wiesner, Reinhard:** Kinder- und Jugendhilferecht. Ein Handbuch. Baden-Baden 2007

**NJW-Rechtsprechungs-Report:** Bundesgerichtshof, Urteil vom 07.07.1987 – VI ZR 176/86 (Hamm). 2. Jahrgang, Heft 23, 1987

**Niedersächsisches Ministerium für Frauen, Arbeit und Soziales:** Kindesvernachlässigung. Erkennen - Beurteilen - Handeln. Hannover 2001, 2. Auflage

**Niedersächsisches Ministerium für Soziales, Frauen, Familie und Gesundheit:** Gewalt gegen Kinder. Leitfaden für Früherkennung, Handlungsmöglichkeiten und Kooperation in Niedersachsen. Hannover 2007, 3. Auflage

**Papenheim, Heinz-Gert/ Baltes, Joachim/ Tiemann, Burkhard:** Verwaltungsrecht für die soziale Praxis. Frechen 2005, 18. Auflage

**Prestien, Hans-Christian:** Wirksamer Kinderschutz. Eine Utopie? In: ZKJ. Zeitschrift für Kindschaftsrecht und Jugendhilfe. 2/2008

**Rebmann, Kurt/ Säcker, Franz Jürgen/ Rixecker, Roland:** Münchner Kommentar zum Bürgerlichen Gesetzbuch. Band 8. Familienrecht II. München 2002, 4. Auflage

**RÖCHLING, Walter:** Neue Aspekte zu Kinderschutz und Kindeswohl? Zum Entwurf eines „Gesetzes zur Erleichterung familiengerichtlicher Maßnahmen bei Gefährdung des Kindeswohls“. In: FamRZ. Zeitschrift für das gesamte Familienrecht. 21/2007

**SCHINDLER, Gila:** Datenschutz und Wahrnehmung des Schutzauftrages bei Kindeswohlgefährdung nach § 8a SGB VIII. In: IKK-Nachrichten. 1-2/2006

**SCHMID, Heike/ MEYSEN, Thomas:** Was ist unter Kindeswohl zu verstehen? In: Kindler, Heinz/ Lillig, Susanna/ Blüml, Herbert/ Meysen, Thomas/ Werner, Annegret (Hrsg.): Handbuch Kindeswohlgefährdung nach § 1666 BGB und Allgemeiner Sozialer Dienst (ASD). München 2006

**SCHMIDT-BLEIBTREU, Bruno/ HOFMANN, Hans/ BROCKMEYER, Hans Bernhard:** GG. Kommentar zum Grundgesetz. Köln 2008, 11. Auflage

**SCHMITT, Christof:** Kooperationsvereinbarungen als Baustein gelingender Kooperationen. In: Henschel, Angelika/ Krüger, Rolf/ Schmitt, Christof/ Stange, Waldemar (Hrsg.): Jugendhilfe und Schule. Handbuch für eine gelingende Kooperation. Wiesbaden 2008

**SCHÖNKE, Adolf/ SCHRÖDER, Horst/ CRAMER, Peter:** Strafgesetzbuch. Kommentar. München 2006, 27. Auflage

**SCHONE, Reinhold:** Die Sicherung des Kindeswohls im Spannungsfeld von Prävention und Schutzauftrag. In: Jordan, Erwin (Hrsg.): Kindeswohlgefährdung. Rechtliche Neuregelungen und Konsequenzen für den Schutzauftrag der Kinder- und Jugendhilfe. Weinheim/München 2007, 2. Auflage

**SCHRAPPER, Christian:** Kinder vor Gefahren für ihr Wohl schützen – Methodische Überlegungen zur Kinderschutzarbeit in der Kinder- und Jugendhilfe. In: Institut für Sozialarbeit und Sozialpädagogik (Hrsg.): Vernachlässigte Kinder besser schützen. Sozialpädagogisches Handeln bei Kindeswohlgefährdung. München 2008

**SCHULZE, Reiner/ DÖRNER, Heinrich:** BGB Handkommentar. Baden-Baden 2003, 3. Auflage

**SCHULZE, Reiner/ DÖRNER, Heinrich:** Bürgerliches Gesetzbuch. Handkommentar. Baden-Baden 2007, 5. Auflage

**SEITHE, Mechthild:** Praxisfeld: Hilfen zur Erziehung. Fachlichkeit zwischen Lebensweltorientierung und Kindeswohl. Opladen 2001

**SEITHE, Mechthild:** Kindeswohlgefährdung zwischen Tatsache und sozialer Konstruktion. In: Diagnose Kindeswohlgefährdung: Helfen unter Druck. Fachkongress Mainz 2004. http://www.kinderschutz-zentren.org/pdf/doku_mainz04.pdf (05.02.2007)

**THEIßEN, Klaus:** Schutzauftrag bei Kindeswohlgefährdung. Ausgestaltung und Inhalte von Vereinbarungen aus Sicht der Träger von Erziehungshilfen. Expertise im Auftrag des Bundesministeriums für Familie, Senioren, Frauen und Jugend und des Instituts für Soziale Arbeit e. V. 2006.
In: www.kinderschutz.de/Expertisen/Expertise%Klaus%Theißen.pdf. (29.04.2008)

**TRÖNDLE, Herbert/ FISCHER, Thomas**: Strafgesetzbuch und Nebengesetze. München 2007, 54. Auflage

**WABNITZ, Reinhard J.:** Grundkurs Familienrecht für die Soziale Arbeit. München 2006

**WEGEHAUPT-SCHLUND, Hiltrud:** Soziale Gruppenarbeit. In: Birtsch, Vera/ Münstermann, Klaus/ Trede, Wolfgang (Hrsg.): Handbuch Erziehungshilfen. Leitfaden für Ausbildung und Praxis. Münster 2001

**WEINREICH, Gerd /KLEIN, Michael:** Familienrecht: Kompaktkommentar. Neuwied 2005, 2. Auflage

**WERNER, Heinz-Hermann:** Die besondere Situation des Jugendamtes bei Kindeswohlgefährdung. In: Jordan, Erwin (Hrsg.): Kindeswohlgefährdung. Rechtliche Neuregelungen und Konsequenzen für den Schutzauftrag der Kinder- und Jugendhilfe. Weinheim/München 2007, 2. Auflage

**WESSELS, Johannes/ BEULKE, Werner:** Strafrecht Allgemeiner Teil. Die Straftat und ihr Aufbau. Heidelberg 2007, 37. Auflage

**WIESNER, Reinhard:** Rechtliche Grundlagen der Erziehungshilfen. In: Birtsch, Vera/ Münstermann, Klaus/ Trede, Wolfgang (Hrsg.): Handbuch Erziehungshilfen. Leitfaden für Ausbildung und Praxis. Münster 2001

**WIESNER, Reinhard:** Die Verbesserung des Schutzes von Kindern und Jugendlichen vor Gefahren für ihr Wohl durch das Kinder- und Jugendhilfeweiterentwicklungsgesetz (KICK). In: Jordan, Erwin (Hrsg.): Kindeswohlgefährdung. Rechtliche Neuregelungen und Konsequenzen für den Schutzauftrag der Kinder- und Jugendhilfe. Weinheim/München 2007, 2. Auflage

**WIESNER, Reinhard:** Kinderschutz aus Sicht der Jugendhilfe. In: ZKJ. Zeitschrift für Kindschaftsrecht und Jugendhilfe. 4/2008

**ZIMBARDO, Philip G.:** Psychologie. Heidelberg 1992, 5. Auflage

**ZITELMANN, Maud:** Kindeswohl und Kindeswille im Spannungsfeld von Recht und Pädagogik. Münster 2001

**ZÖLLNER, Wolfgang/, LORITZ, Karl-Georg/ HERGENRÖDER, Curt Wolfgang:** Arbeitsrecht. Ein Studienbuch. München 2008, 6. Auflage

# Abkürzungsverzeichnis

| | |
|---|---|
| Abs. | Absatz |
| Art. | Artikel |
| BGB | Bürgerliches Gesetzbuch |
| bzw. | beziehungsweise |
| bspw. | beispielsweise |
| d.h. | das heißt |
| f. | folgende |
| ff. | fortfolgende |
| FGG | Gesetz über die Angelegenheiten der freiwilligen Gerichtsbarkeit |
| GG | Grundgesetz |
| ggf. | gegebenenfalls |
| i. V. m. | in Verbindung mit |
| Kap. | Kapitel |
| KICK | Gesetz zur Weiterentwicklung der Kinder- und Jugendhilfe |
| NDSG | Niedersächsisches Datenschutzgesetz |
| Nds. SOG | Niedersächsisches Gesetz über die Sicherheit und Ordnung |
| NSchG | Niedersächsisches Schulgesetz |
| o. J. | ohne Jahr |
| o. S. | ohne Seite |
| Rz. | Randziffer |
| SGB | Sozialgesetzbuch |
| SGB I | Erstes Sozialgesetzbuch |
| SGB VIII | Achtes Sozialgesetzbuch |
| SGB X | Zehntes Sozialgesetzbuch |
| StGB | Strafgesetzbuch |
| StPO | Strafprozessordnung |
| u. a. | und andere/unter anderem |
| u. U. | unter Umständen |
| vgl. | vergleiche |
| z. B. | zum Beispiel |

## Die Autorin

Frauke Pinkvoß ist in ihrem ersten Beruf staatlich anerkannte Erzieherin mit heilpädagogischer Zusatzqualifikation. Von 1999 bis 2006 war sie in verschiedenen Einrichtungen des Elementarbereichs als Erzieherin, heilpädagogische Fachkraft und als stellvertretende Leiterin tätig.

Von 2005 bis 2008 absolvierte sie ihr Studium an der Leuphana Universität Lüneburg im Bachelor-Studiengang Sozialarbeit/Sozialpädagogik. Ihr Studienschwerpunkt umfasste die Bereiche Kinder- und Jugendhilferecht, Betreuung und Erziehung sowie Jugend- und Sozialberatung.

Zum Zeitpunkt der Veröffentlichung ist sie im Allgemeinen Sozialen Dienst eines kommunalen Jugendamtes angestellt.